最強の鉄壁となる!

バレーボール ブロック

必勝の
ポイント

50

元全日本男子バレーボール選手　サントリーサンバーズ監督
山村宏太 監修

JN112508

メイツ出版

はじめに

　皆さんは、普段の練習においてブロックにどのくらい練習時間を割いているだろうか？　私の学生時代からの経験も踏まえて言えることだが、体育館の使える時間が限られていれば、ブロックだけに多くの時間を割くことは難しいのではないだろうか。

　しかしながら、バレーボールにおいてブロックは、チーム力をアップさせるために優先度の高いプレーであることは間違いない。なぜならば、バレーボールは1セット25点あるうち、必ず1点はサーブ権をブレイクしないと勝利することができないからだ。ブレイク力の鍵になるのは、最初の防御となるブロックである。

　本書では、身長やポジションに関係なく、誰もがブロック能力を上げていくための技術、戦術などをまとめた。人間の身体は骨格や筋肉の作りによって能力はそれぞれ。選手全員が同じ能力を持っているわけではない。それでも、観察できる広い視野と考えて動く判断力を磨いていけば、ブロック技術はみるみる上達し、幅広い戦術も身についていくだろう。

　現在、世界トップのバレーボールチームは、ブロックに跳ぶ位置も固定されておらず、両サイド、ミドルとすべてのポジションでブロックできる力を養っている。このことから、日本国内でもポジションにこだわらず、誰もがどのブロックポジションでも力を発揮できるようになれば、自然にチーム力も上がっていくはずだ。

　本書が向上心あふれる選手の皆さんの手助けになれば、幸いである。

サントリーサンバーズ監督　山村宏太

この本の使い方

この本では、バレーボールをプレーする選手がブロックを上達させるための練習法やノウハウを解説している。各ページには、POINTとしてのテーマがあるので、自分のプレースタイルや課題などを理解した上で取り組もう。

ページにある写真や解説を見ながら動作をマスターしていく。書いてあることを実戦していくことで、基本的な技術はもちろん、試合で使うテクニックを身につけることができる。

最初から読み進めることが理想だが、「ここが気になる」「どうしてもマスターしたい」という項目があれば、そこだけをピックアップすることも可能。得意なプレーを伸ばす、弱点を克服するなど目的に合わせて課題をクリアしていこう。

タイトル
身につけるテクニックやトレーニングの目的を提示。テーマや課題を明確にして取り組むことでプレーの質をあげる。

PART **2**
POINT **06**　ブロックの構え①（両手）

ブロックの完成スピードの鍵を握

ハンズアップ

23

ネット上へすぐに手を出せる構え

個々の特徴に合わせてベストな構え

ブロックの始めの準備段階でスピードの鍵を握っているのが構えだ。上半身は両手の位置がポイントとなり、身長やポジションによってその形は変わる。個々の特徴に合わせてすぐに動けるような位置に手を置き、ベストの構えを作ろう。

すぐにネットの上に手を出せるハンズアップや手を胸の前に置くなど様々な待ち方で一番早く完成させられる手の位置を

模索しよう。

両サイドへ移動
ターは、ハンズア
下半身の動きが遅
プはおすすめでき
置いて構え、しっか
な体勢を常に作っ
えのフォームを使い

22

解説文
ブロック技術についての基礎知識や動作の流れを解説。トレーニングを頭で理解し、写真をイメージすることで相乗効果がアップ。

CHECK! 状況によって構えを変化させる

ハンズアップしたまま、長い距離を移動するとスピードが遅くなる。ミドルブロッカーは中央からサイドへ移動する際は、早い段階で判断し構えを変化させていこう。

備動作

胸の前

横移動に適している構え

サイドヒッ
移動すると
ハンズアッ
前に両手を
使えるよう
によって構

コツ① 移動方向へ身体を寄せて構える

サイドでブロックに跳ぶ選手やセッターは構える際、距離が長い方向へ身体を寄せたり、片手を上げて構えるとステップの初動がスムーズだ。個々の特徴を踏まえ、いつでも反応できる準備をしておくことが大切。

コツ② ヒザを軽く曲げすぐに跳べる準備

ハンズアップで構えてジャンプする際、ヒザを深く曲げてジャンプすると到達点まで届くのが遅くなってしまう。ハンズアップで構える際は、ヒザを軽く曲げてジャンプし、すばやくネットの上に手を出す。

23

CONTENTS

PART **1**

ブロックの本質を知る

サーブを打ってからの最初の「防御」と「攻撃」

CHECK POINT!
1　ブロックは最初の防御。重要度の高いプレー
2　チームの特徴と試合の状況を見て戦術を組み立てる
3　ネット際で状況を読む対応能力が求められる

ネット際で戦術を使い分ける能力が必要

　ブロックは「防御」であり、成功すれば得点にもつながる「攻撃」のひとつである。しかも、サーブを打ってからの最初の「防御」と「攻撃」を兼ねるため、ラリーの行方を担う重要度が高いプレーであり、難度も高いプレーと言える。

　ブロックの防御と攻撃における戦術は、自分たちのチームと相手チームの能力、試合の状況や場面によって組み立てるものだ。それを踏まえて、相手のアタッカーに対して1対1で勝負を挑むのか、複数のブロッカーで相手のエースアタッカーを止めにいくのか対応していく。

　ブロッカーはチームで立てた戦術をもとに、防御と攻撃を念頭に置きながら、ネット際で状況を読み、テクニックを使い分ける対応能力が求められる。

コツ ① ポジションごとに役割は異なる

　ブロックポジションは前衛3ヵ所。ミドルブロッカーが相手のクイックに対応するのがオーソドックス。両サイドにいるアタッカーやセッターが相手のサイド攻撃をマークする。チームによって役割は異なる。

コツ ② 適性を見てメインブロッカーを決定

　高身長の選手がミドルブロッカーになりブロックの中心となるケースはよくあるが、ブロックは判断力が勝負。サイドアタッカーでもジャンプ力があり、視野が広く保てる選手であれば、メインブロッカー向きだ。

コツ ③ アタッカーと1対1で勝負する場面

　相手のクイックの位置と打つタイミングがわかれば、ブロッカーはアタッカーの動きに合わせて1人で勝負する。アタッカーのタイミングにぴしゃりと合わせてプレッシャーをかけ確実にコミットにいこう。

コツ ④ 複数でのブロックはレシーバーと連動

　相手のトスを見てから跳びにいくときは必ず2枚、3枚で壁を作るようにブロックする。相手アタッカーはコースを切ってきたり、ワンタッチを狙ったりするので、レシーバーとのポジショニングの連動が重要。

攻撃戦術に対して生まれるブロックの戦術

CHECK POINT！

1　戦術は、サーブからの流れを踏まえて選択していく
2　「配置」「範囲」「反応」を状況を見極めて決定する
3　必要のない情報は捨て、優先順位に沿って実行する

プレーの段階、状況を見ながらブロック戦術を選択

　ブロックの種類は、攻撃戦術の数だけ存在する。その証として世界のトップクラスでは新しい攻撃の戦術が生まれるたび、それに対応するために新しいブロック戦術が生み出されてきた（詳細は18ページColumn）。

　ブロックにおける戦術は、サーブからの流れや相手の状態などプレーの段階を見ながら選択していくのが特徴だ。主な戦術は、相手のローテーションの特徴を見て準備する「配置」、「ブロックの範囲」、相手のサーブレシーブやセッターの動きを見て判断する「反応の仕方」などに分類される。

　ボールが移動する中でその時々の選択肢をチームで共有。必要のない情報は捨てていき、優先すべき戦術をそろって実行することが最大のポイントとなる。

最初の情報源で配置を決定

ブロッカーの配置を決めるための最初の情報となるのは、相手のローテーションと自陣のサーブ。どんなサーブでどこを狙うのか、あらかじめ共有する。相手のアタッカー陣の表情や仕草など観察する。

サーブレシーブの状況を判断

サーブが相手コートに入ったら、優先してマークするアタッカーのポジション移動を確認する。同時に相手のサーブレシーブの状況を判断。あらかじめ想定しておいた攻撃に対してブロックの準備を整える。

セッターのトスアップを見極める

サーブレシーブに対しセッターがどの位置でどのような体勢でトスを上げるか見極める。クイックに上がり、コミットであればマンツーマン勝負で。それ以外であれば、トスが上がった方向へ即座に移動する。

アタッカーのフォームでコースを判断

攻撃するアタッカーと対峙したときは、アタッカーのフォームや動きを観察。止めにいくか、ワンタッチを狙いにいくか選択する。アタッカーが攻撃した後は、打球方向を把握しディグの状態を必ず確認しよう。

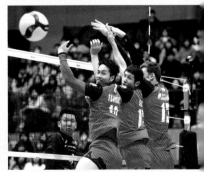

サーブで相手の攻撃選択を減らしブロックをしぼる

CHECK POINT！

1　サーブで相手を崩し、ブロックの選択肢をしぼる
2　サーブレシーブの評価によってブロックの基準を設定する
3　チームとして戦術を共有し、動きをそろえて実行する

サーブレシーブの評価を出しブロックの基準を決める

　ブロック戦術におけるサーブの役割は、少しでも相手のサーブレシーブの返球を崩し、良い状態からの攻撃を減らすことだ。**サーブレシーブやトスアップをネットから離すことができれば、クイック攻撃の使用率を低下させることができる。相手の攻撃選択肢を減らすことでブロックの選択をしぼることができる。**

　またサーブの効果によって相手のサーブレシーブの評価をいくつか割り出し、それに合わせてブロックの配置やブロック枚数などの基準を決めよう。

　このとき重要なのは、ブロッカー全員がチームで決めたサーブレシーブの評価を瞬時に共有させ、そろった動きができるかどうか。練習の段階からチームとしての意思統一をしっかりとっておくことが大切だ。

コツ① サーブからディグまでのつながり

　ディフェンスの効果を上げるコツは、相手の状況を見ながらサーブ、ブロック、ディグの配置をしっかり連動させること。1つだけ欠けても効果が下がるので、ブロッカー、レシーバー全員の意志を疎通させよう。

コツ② サーブレシーブの評価を決めておく

　相手のサーブレシーブに合わせてブロックはどのように跳ぶかあらかじめ決めておく。セッターがどの程度動いてトスを上げたか、そのときの相手のローテーションを見てブロックのつき方を想定しておこう。

ブロック勝負ではなくレシーバーと一体になって防御

CHECK POINT !

1　ブロックはシャットアウトだけが仕事ではない
2　ブロック範囲をレシーバーに明確に伝える
3　ブロックとディグ一体となって防御する

ブロック位置を明確にして跳ぶことが最大の使命

　ブロッカーは、ネット際でシャットアウトするだけが仕事ではない。コート後衛にいるレシーバーの存在があって初めて機能するため、ネット際でブロックの位置を明確にして跳ぶことが最大の使命だ。それ故、相手の攻撃に対してブロックが遅れたときは、身体が流れるようなジャンプをしたり、無理に手を振りにいったりしてはいけない。ブロック範囲が

レシーバーに伝わるような動きを心がける。

　主な戦術としては、相手アタッカーの得手不得手のコースを把握しストレートを締めるか、クロスを締めるかなどブロッカーのジャンプする位置をあらかじめ決めておくパターン。ブロックだけで勝負するのではなく、レシーバーと一体になって防御しよう。

コツ① わざとストレートコースを空ける

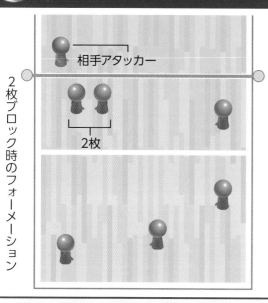

相手アタッカー

2枚

2枚ブロック時のフォーメーション

アタッカーにとってストレートコースに強打を打つことは難しい技術。アウトになる可能性も高いため、2枚でブロックに跳びにいくときはわざとストレートを空けておく。クロス側を重点的に締めるようにする。

コツ② クロスコースのレシーブを強化する

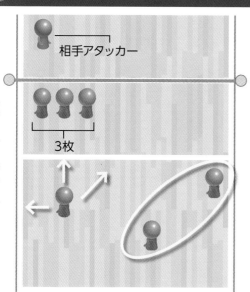

相手アタッカー

3枚

3枚ブロック時のフォーメーション

相手の攻撃がネットから離れたときや二段攻撃のときは、ブロッカーは3枚跳びにいき、ストレートコースをしっかり塞ぐ。距離の長いクロスコースへスパイクを打たせてレシーバー陣の守備を固めておこう。ブロックの背後にいるレシーバーは、フェイントやブロックのワンタッチボールをカバーする。

世界で進むポジションのハイブリッド化

　ブロックの戦術は、攻撃の進化に伴い、それに対応すべく新しいテクニックが生み出されてきた。1980年代、バックアタック攻撃が支流となり、それに対応すべくアメリカ男子代表チームが「リードブロック」(P54)を開発した。その後、バックアタックとサイドからの速い攻撃に対応するため、「スプレッドリードブロック」(P46) が使われるようになったが、それを打ち破ったのはブラジル男子代表チームの速いバックアタック (パイプ攻撃)だ。それに対してヨーロッパ諸国は、「バンチリードブロック」(P46) で対抗した。

　そうして今、世界のブロックは、ハイブリッド化が進んでいる。従来はミドルブロッカーがメインブロッカーとしてネット際を支配したが、現在はアウトサイドヒッターがメインブロッカーになる戦術も積極的に使われている。大切なのは、自チームの特徴に合ったシフトを組み、個々の役割を軽減し責任を全うすることだ。ひとつのポジションや戦術に決してこだわらず、相手チームの特徴も踏まえて柔軟な思考を持とう。

PART 2

基本のブロック技術を
レベルアップ

ブロック完成度はジャンプ直前までの工程で決まる

ひとつの技術だけではなく用途に合わせた技術を習得

ブロックというプレーは単体で効果を出すものではなく、サーブやディグとの関係性が鍵を握っている。ネット際で一枚の「壁」として成立するためには、基本的なテクニックの流れを身につける必要がある。個々の身体的特徴、能力やポジションに合わせて効果的な方法を探り、習得技術を「ひとつ」と決めつけず、状況や用途に合わせて実践できるようにしよう。

ブロックは「準備」、「移動」、「ジャンプ」、「着地」という流れだが、その完成度はジャンプする直前までの工程で大方決まる。準備の段階でいかに相手プレーヤーを観察し、攻撃を予測するかが重要。スムーズな準備で思考回路をフラットにし、ブロックに必要な情報を収集できる広い視野を身につけよう。

初動をすばやく行える体勢を作っておく

　ブロッカーはネット際で準備を行う。相手のレシーブがどの方向に行き、どんな状態でセッターがスタンバイするのかを確認する。そのとき、ブロッカーは相手のどんな攻撃にも対応できるように初動をすばやく行える体勢を作っておこう。

相手の動きに見え隠れするヒントを見逃さない

　ブロッカーはネット際で構える際、ボール、セッター、アタッカーの動きから目を離さないこと。セッターやアタッカーはブロッカーを惑わすために戦術を練ってくるので、ヒントを見逃さないようにしよう。

アタックコースを予測ししっかり壁を作る

　相手アタッカーの攻撃位置が確定したら、ネット際でジャンプを行う。最大のポイントは空中で身体が流れないように壁を作ること。空中でもアタッカーのスイングを注視しコースを予測。両手をしっかり押し出し、アタックボールの通過を阻止しよう。

ブロック後もボールから目を離さない

　ブロッカーは空中から降りるとき、ボールから目を離さないこと。ブロッカーの手に当たったボールが半径1m以内に落ちれば、ブロッカー自身がフォローに入りレシーブする。フォローしない場合はすぐにアタックラインまで下がり、攻撃準備に入ろう。

ブロックの完成スピードの鍵を握る準備動作

ハンズアップ

ネット上へすぐに手を出せる構え

個々の特徴に合わせてベストな構えを探す

ブロックの始めの準備段階でスピードの鍵を握っているのが構えだ。上半身は両手の位置がポイントとなり、身長やポジションによってその形は変わる。個々の特徴に合わせてすぐに動けるような位置に手を置き、ベストの構えを作ろう。

すぐにネットの上に手を出せるハンズアップや手を胸の前に置くなど様々な待ち方で一番早く完成させられる手の位置を模索しよう。

両サイドへ移動が多いアウトサイドヒッターは、ハンズアップしながら移動すると下半身の動きが遅くなるため、ハンズアップはおすすめできない。胸の前に両手を置いて構え、しっかり足の力を使えるような体勢を常に作っておく。用途によって構えのフォームを使い分けよう。

CHECK! 状況によって構えを変化させる

ハンズアップしたまま、長い距離を移動するとスピードが遅くなる。ミドルブロッカーは中央からサイドへ移動する際は、早い段階で判断し構えを変化させていこう。

NG

胸の前

横移動に適している構え

コツ① 移動方向へ身体を寄せて構える

サイドでブロックに跳ぶ選手やセッターは構える際、距離が長い方向へ身体を寄せたり、片手を上げて構えるとステップの初動がスムーズだ。個々の特徴を踏まえ、いつでも反応できる準備をしておくことが大切。

コツ② ヒザを軽く曲げすぐに跳べる準備

NG

ハンズアップで構えてジャンプする際、ヒザを深く曲げてジャンプすると到達点まで届くのが遅くなってしまう。ハンズアップで構える際は、ヒザを軽く曲げてジャンプし、すばやくネットの上に手を出す。

常に動ける体勢を意識して構えておく

肩幅ほどの足幅

真上に跳ぶことが多いミドルブロッカーは、ヒザを軽く曲げて足幅を狭く構える

広めの足幅

コートサイドへ横移動してブロックするアタッカーは、足幅を広く構える。横移動が苦手な高身長プレーヤーに適している

無駄なくボールへ反応できる姿勢を探す

ブロックの完成を早くするためには、いかに無駄な動きを省き、効率よく動くかが大切。構えているとき、すぐにボールへ反応し動ける足幅とつま先の向きをチェックしてみよう。

足幅は、個人の身体的な特徴やポジション、身体の使い方によってそれぞれ。クイック対応の多いミドルブロッカーは足幅を狭くし軽くヒザを曲げて、いつでも真上

にジャンプできる体勢を作っておこう。

サイドへの動きが多いアウトサイドヒッターは、横へ反応できるようにつま先を開いておく。また両サイドへ動くミドルブロッカーは、両足のつま先を外側に開いて左右どちらでも移動できるように準備しておく。ポジションによって自分の合った構え方を見つけよう。

CHECK! 状況によって構えを変化させる

相手のレフト攻撃に対してブロックするセッターやオポジットは、右足をライトへ向ける。ブロックポジションや役割、自分の弱点など意識して構えを工夫しよう。

ミドルブロッカーの つま先の向き

両サイドへ移動するミドルブロッカーは両脚のつま先を開いて構える

サイドブロッカーの つま先の向き

相手のライト側へ移動するブロッカーは左足のつま先を開いて移動の準備

コツ 1 苦手な移動方向は あらかじめつま先を向ける

移動する方向へつま先を向けると身体が移動方向へ重心が傾き、反対の足で床を蹴りやすくなる。自分の苦手な移動の方向があれば、つま先を向けておくとよい。ちょっとした工夫でスムーズに動くことができる。

コツ 2 状況に合わせて 構えを変化させる

ベストな構えはポジションや身体的特徴によって異なる。自分に合ったものを探し、状況に合わせて変化させていこう。

セッターとアタッカーの動きを観察する

4
アタッカーの動きを確認

3
トスの方向へ移動をスタート

情報を得られる順序に沿って視線を動かす

ブロックの成功率を上げるためには、相手のアタッカーがどの位置からどんな攻撃をしてくるかを判断し、いち早くブロックの体勢を作ることが重要。ブロッカーはネット際で構えながら、レセプションのボール、セッターの動き、トスボール、アタッカーの動きから目を離さないように情報収集する。

その際、ボールばかり見てしまうとブロックに必要な情報を集めることができない。「**ボール→セッター→ボール→アタッカー」という情報を得られる順序に沿って、視線を動かしていくことがポイントとなる。**

セッターやアタッカーの動きには、ブロックを成功に結び付けるヒントがたくさん隠されている。その動きをよく見てブロックの体勢を作ろう。

CHECK! ボールだけを追わずセッターとアタッカーを見る

ブロッカーは視線を動かすときにどうしてもボールだけを追いがち。ボールの動きだけでは何も有益な情報は得られない。セッターとアタッカーの動きを見逃さないように注意。

NG

2 セッターのハンドリングを見る

1 レセプションの方向を確認

コツ① ボールを手放すギリギリまで注視する

セッターを見るポイントは、ボール下への入り方、身体の向き、ハンドリングのタイミング。ボールを放した瞬間、ブロック位置が決まるのでボールを放すギリギリまで注視しよう。見極めたらすばやく移動をスタートする。

コツ② アタッカーのスイングからコースを読む

アタッカーを見るポイントは、助走の距離と方向、身体の方向、肩から先のヒジの動き、目線など。ヒジから手先までのスイングの軌道を見てコースを予測する。

近い距離への移動はサイドステップ

1 移動方向へ足を踏み出す

2 踏み込み位置を決める

身長の高い選手やクイックには有効なステップ

相手チームのサーブレシーブがセッターに入り、相手アタッカーの打つ場所を判断したら、ブロッカーは即座に移動する。その際、「サイドステップ」、「クロスステップ」、「スプリットステップ」の3種類のステップを使い分ける。**スタート地点から近い距離を移動してジャンプする場合は、サイドステップを使う。特に有効なのは、身長の大きいミドルブロッカーがクイックへ**対応する場面。構えのスタンスから1歩から2歩、移動する方向へ足を出してジャンプの体勢を作る。

ポイントはジャンプの体勢を作る際、遅れてきた足をすばやく引き寄せること。体幹をぶらさないように隣のブロッカーの動きと合わせて沈み込み、まっすぐ上に跳ぶ意識が大切。

サイドステップの場合は移動の距離が短いため、ハンズ
アップのまま移動しても重心がブレにくい。手を上げたま
まステップすることが、速く最高到達点に届くコツだ。

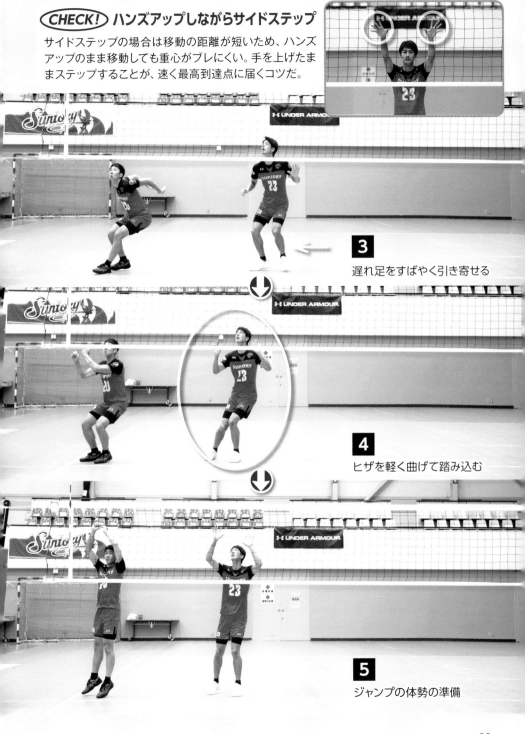

3

遅れ足をすばやく引き寄せる

4

ヒザを軽く曲げて踏み込む

5

ジャンプの体勢の準備

長い距離を移動するのに適しているステップ

1 移動方向側の足を踏み出す

2 反対側の足を
身体の前でクロスさせる

横方向への力をコントロールして上へジャンプ

　コート中央から両サイドへ長い距離を移動するのに適しているのが、クロスステップだ。アウトサイドヒッターやセッターはとくに用いる場面が多い。**移動方向の足を1歩踏み出した後、逆足を身体の前で大きくクロスさせて横幅を出せるのがこのステップの利点。しかし、横方向への力が生まれることで踏み切る時に力をコントロールできないと、ジャンプ時に身体が**流れたり、空中で身体が回ってしまったりするので注意したい。**

　空中でのボディバランスが崩れてしまうと、ネット越しから手を前に出すことができなくなり、アタッカーへのプレッシャーが弱まってしまう。踏み切る際に横方向への勢いを真上へ変換して、まっすぐ上にジャンプできるフォームを身につけよう。

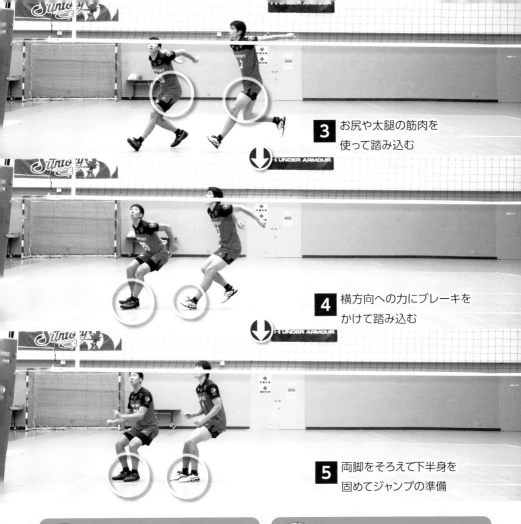

3 お尻や太腿の筋肉を使って踏み込む

4 横方向への力にブレーキをかけて踏み込む

5 両脚をそろえて下半身を固めてジャンプの準備

コツ① 外側の足でブレーキをかけて固める

NG

　クロスステップの踏み込み時、外側の足が安定せずブレーキをかけることができないと、空中で身体が流れてしまう。外側の足をしっかり固定させることがクロスステップの上達のコツ。

コツ② 踏み切ったらまっすぐ上へジャンプ

NG

　横方向へのステップの勢いを止めることができず、身体がまわって開いてしまうとNG。身体がまわるとブロックの高さも出なくなり、アタッカーの思うツボ。踏み切る際はまっすぐ上へジャンプする意識を忘れない。

重心をフラットにさせてブロックに勢いを出す

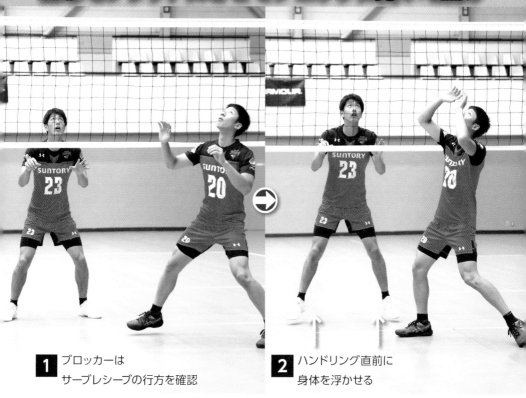

1 ブロッカーは
サーブレシーブの行方を確認

2 ハンドリング直前に
身体を浮かせる

タイミングを合わせて移動スピードを上げる

　より反応をスピードアップして勢いを増したい場合は、テニスで動き出しを速くするときに行うスプリットステップを使うとよい。**相手セッターがボールにさわる直前に身体を浮かせて着地、トスが上がった方向へ移動をスタートする。**

　真上に身体を浮かせることで重心が着地時にフラットになり、その反動を利用しスピードのあるステップを実践することができる。

　気を付けたいのは、身体を浮かすタイミング。身体を浮かせて着地するタイミングが遅くなると、その間、セッターにトスを上げられてしまい、ブロックに遅れることになる。最初のうちは正確なジャンプのタイミングをつかむのは難しいかもしれないが、練習を重ねてスムーズな動きを習得しよう。

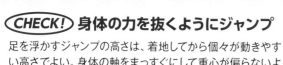

CHECK! 身体の力を抜くようにジャンプ

足を浮かすジャンプの高さは、着地してから個々が動きやすい高さでよい。身体の軸をまっすぐにして重心が偏らないように意識して一瞬、身体の力を抜く感覚でジャンプしよう。

3 着地後、セッターの動作を確認

4 トスの方向へ移動をスタート

コツ① セッターのハンドリング直前に浮かせる

NG

ジャンプするのはセッターがハンドリングする直前。セッターの手の中にボールが入ったときにジャンプするタイミングでは遅い。身体が浮いている瞬間にセッターにトスを振られてしまうので注意しよう。

コツ② 足が床についた後はすばやい初動を

身体を浮かせながらセッターの身体の向き、重心、手元を確認。これらの動作からトスを想定し足が着いた瞬間、初動に入る。反動を利用してすばやいステップを行う。

空中で安定したブロックジャンプをするコツ

ヒザ関節を使ったジャンプ

股関節を使ったジャンプ

すばやいジャンプを意識する

ヒザを深く曲げお尻を下げてジャンプ

ジャンプの方法と跳ぶ位置をマスターする

　ステップを終えて踏み切る位置を決めたら、ブロックジャンプを行う。ジャンプの方法は主にヒザ関節を使うジャンプ、股関節を使うジャンプの2種類がある。すばやい時間で高さを出したいときはヒザを使うジャンプ、しっかり手を前に出すために高さを出したい時はヒザを深く曲げてお尻周りの筋肉を使ってジャンプする。

　ジャンプする際、ネットとの距離は約

50cm空ける。そうすることでブロック時にボールを吸い込んだ際、味方がフォローしやすい。ネットとの距離が近くなってしまうと余裕を持ってフォローすることができない。また、ネットに正対するのではなく、アタッカーに対して正対する意識でジャンプすると、より相手にプレッシャーをかけることができる。

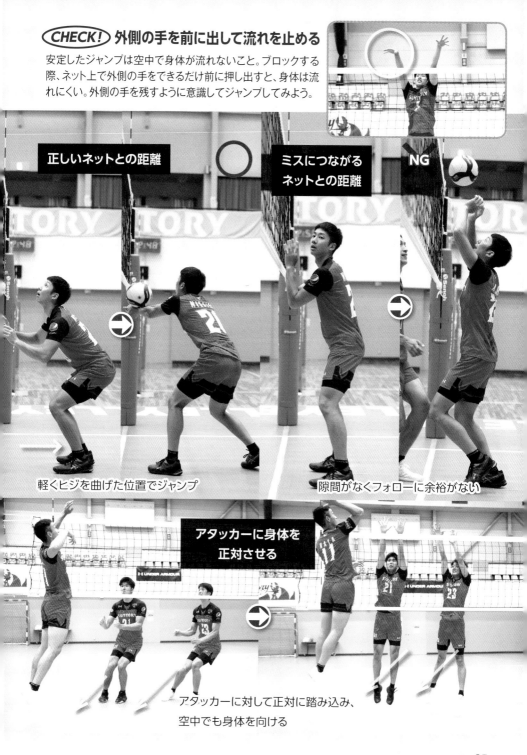

CHECK! 外側の手を前に出して流れを止める

安定したジャンプは空中で身体が流れないこと。ブロックする際、ネット上で外側の手をできるだけ前に押し出すと、身体は流れにくい。外側の手を残すように意識してジャンプしてみよう。

正しいネットとの距離 ○

ミスにつながる ネットとの距離 NG

軽くヒジを曲げた位置でジャンプ

隙間がなくフォローに余裕がない

アタッカーに身体を 正対させる

アタッカーに対して正対に踏み込み、 空中でも身体を向ける

アタックボールを掴みにいくときのケース

**クイックや二段攻撃での
手の出し方**

1 ボールを囲むように
手を出す

2 ボールに対して
手首を上から
かぶせる意識で

3 ボールがコートに
落ちるのを確認する

ボールを囲む意識で手首を上からかぶせる

　ジャンプ時における両手のフォームは、ネット上でしっかり前に出すのがセオリー。なぜなら、アタッカー目線で見た時にブロッカーの両手が前へ出てくると視野が狭まり、打つコースが限定されるからだ。

　手の出し方も1つではなく、ブロックに跳ぶポジションや状況によって変わるのでここでは2つのケースを紹介する。**1つ目は、相手のアタックボールを掴みにいけるべ**ストな状態の場面で使う。**主に相手のクイック攻撃や二段攻撃に対して適している。ボールを囲む意識で手首を上からかぶせるのがポイント。**

　ネットから出た両手が前に出ていれば出ているほど角度があるので、相手のアタックボールは下に落ちる可能性が高まる。フォローに入る際はブロッカーの手の角度をよく意識して構えよう。

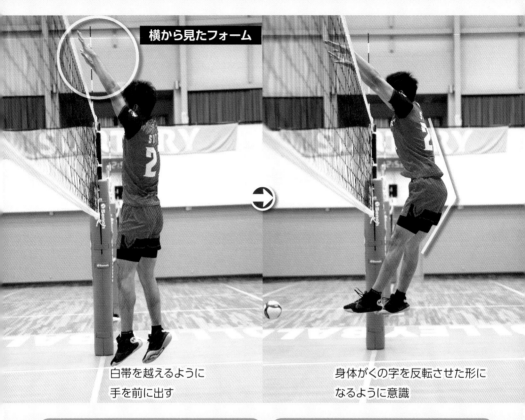

横から見たフォーム

白帯を越えるように
手を前に出す

身体がくの字を反転させた形に
なるように意識

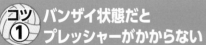

コツ
①
バンザイ状態だと
プレッシャーがかからない

コツ
②
動きがそろっていないと
隙間ができる

「バンザイ」状態だとアタッカーに対して全くプレッシャーがかからない。2枚ついていても簡単に抜かれてしまう。2枚揃って手を前に出せるように意識を統一しよう。

2枚ブロックで片方が前に出し、片方が前に出ていない状態でも、隙間はできる。ブロッカーの間は抜かれやすいため、ディグに影響する。アタッカーの視野を狭める意識で手を前に出そう。

ブロックは広いエリアを隠すのが目的

**ワンタッチをとりやすい
手の出し方**

1 手のひらを立てて
前に出す

2 接地面積が広いため
ワンタッチしやすい

3 ボールが跳ね返り
コート後方へ

手首を押し出しワンタッチを取りに行く

　もう1つの手の出し方のケースは、ケガもしにくくブロックワンタッチをとりにいく方法。**手を前に出す時は、両手のひらを立てて手首を正面に押し出す。手のひらをネットに見立てて押し出すイメージで実践してみよう。**

　この方法の利点は押し出す際、指に力が入らずボールが当たってもクッションのように跳ね返るため、ワンタッチをとりやすく、レシーバーが拾いやすい。また、身長が低いプレーヤーでもアタッカーにプレッシャーを与えることが可能だ。

　ブロックの役割はすべてのボールをシャットアウトすることではない。ワンタッチを含め、より広いエリアを隠すことが目的。場面や用途によって手の出し方を判断し、対応できるように両方のケースを想定しておこう。

空中で相手のアタックコースの軌道がわかったら、相手の
コート上で手をスライドさせて抑えにいこう。手を振りに行
くのではなく、手首をスライドさせる意識で止めにいく。

横から見たフォーム

1 白帯を越えるように
手を出す

2 手のひらをネットに見立てて
押し出すイメージ

39

ブロックは早く完成させてカタチを残す

白帯を越えてしっかり
両手を前に出す

着地の体勢に入っても
両手は前に残しておく

安定した着地はバランスのいいジャンプの証

　ジャンプの到達点で手を出しブロックが完了した後は、できるだけ踏み切った位置に着地する。同じ位置に着地できず姿勢が悪いと、空中で身体が流れていると言える。空中でのバランスを確認する意味でも同じ位置に着地することを目安にしよう。

　空中から降りる際は、前に出した手をすぐに引き下げず、カタチを残して着地する。**アタッカーがタイミングをずらしてきても、空中で壁の時間を長く保つことでブロックできる可能性が高くなる。白帯より下に手がいくまで形をキープしよう。**

　ブロックは早く完成させて、その形をいかに空中で長く残しておくことが最大のテーマ。その意識を強く持つことが、効果的なブロックを生み出す要因につながる。

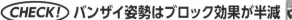
CHECK! バンザイ姿勢はブロック効果が半減

到達点に達した後、両手が空を仰ぐような姿勢になってしまうとアタッカーへのプレッシャーが短い時間で終わってしまう。ブロックの効果も半減するので注意しよう。

白帯の下にいくまで両手は
空中で残す意識

踏み切った位置で
片足から着地する

コツ① ジャンプは横に 流れると着地も崩れる

着地した際、足がぐらついてしまうのは、ジャンプ時に身体が横方向へ流れてしまっているのが原因。まっすぐ上へジャンプすることを意識し、着地の最初の1歩を安定した状態で床につき、身体の軸がぶれないようにする。

コツ② ブロック後はボールの 行方を把握する

ブロッカーはブロックしにいったアタックボールがどこへ跳んでいったのか、すぐに行方を把握する。味方がボールをつないでいるときはアタッカーはすぐにアタックラインまで下がり、攻撃の準備に入る。

Column

ちょっとした工夫が上達への近道

　私が現役のときは、どうやって自分の動きが早くなるか、もしくは（敵から）速く見えるのか、無駄な動きを減らしていけるかを常に考えていた。

　特にブロックは、上手いと思う選手たちのプレーの映像を見てよく研究した。どんな動きをしているのか、気になったからだ。そこで得た情報を元に真似してみたが、人間の身体的特徴や能力はそれぞれ違うため、自分に合わないこともあった。それを繰り返すうちに、無駄なく動くためのヒントが見つかるのだ。

　時にはプレーのフォームについて、チームの監督や先生、仲間からアドバイスをもらうことがあるかもしれない。しかし、それが正解とは限らない。あくまでも自分自身が、無駄なく動けると思ったフォームを探していけばいい。

　PART2では、構えの足の向きや手の位置について紹介しているが、ちょっとした工夫次第で見違えるように動きは変わる。身体能力やポジションによっても異なるので、自分自身が無駄なく動けるフォームを探してみよう。

PART 3

ブロックにおける
戦術の選択

戦術ひとつひとつに意味があり役割がある

CHECK POINT !
1　戦術はひとつに決めるのではなく状況に合わせて選択
2　ブロッカーは同じ目標を共有し動きをそろえて実行する
3　ブロッカーはそれぞれの役割を全うしチームに貢献する

各ブロッカーが同じ目標を描き、動きを合わせる

　一通り、技術を習得したら次にチームで統一して行うブロックの戦略を知ろう。ブロックにおける戦術は「配置」「準備」「反応」の3つに分けられ、配置ひとつにとっても複数存在する。**自チームの特徴やスタイルにもよるが、仕掛ける戦術は「これ1つ」と決めるのではなく、相手チームの特徴やスタイルに合わせて選択して実行していくのがベスト。**

　ポイントは、ネット際でそれぞれのポジションで構えるブロッカーが同じ目標を描き、動きを合わせて任務を遂行することだ。ブロッカーはシャットアウトするだけが仕事ではない。戦術の動きひとつひとつに意味があり、それぞれに役割がある。ブロッカーの目的と動きが一致するように戦術を習得しよう。

コツ ① スムーズに移動できる ホームポジション

　相手の攻撃を想定し、あらかじめブロックの配置となるホームポジションを決めておく。スムーズに移動を開始できるのが利点となる。ブロッカー同士、目的を統一させてネット際でしっかり準備しておくことが大切。

コツ ② 相手の戦術に応じて ジャンプ位置を決める

　ホームポジションを選択したら、ジャンプする位置を決定する。相手の攻撃に合わせてその正面で跳ぶか、それともアタッカーと勝負の駆け引きし跳び方を工夫するか選択する。相手の攻撃スタイルを踏まえて、作戦を考えよう。

コツ ③ レシーバーと連動して 反応の仕方を選択

　ジャンプ位置の次に相手アタッカーと駆け引きを行うのは反応だ。シャットアウトを狙っていくか、レシーバーと連動して守備エリアを確定させるか。反応の仕方によって目的が分かれる。チーム全員でブロックの狙いと目的の共有を行おう。

コツ ④ サーブレシーブは 生きている情報

　戦術を立てるうえで「生きている情報」となるのが、相手のサーブレシーブの評価だ。当初企てていた戦術もサーブレシーブの状態を見て、実行できるか否か判断する。あらかじめいくつかの選択肢を決めておこう。

相手の攻撃に合わせてポジションを配置する

バンチ

ブロッカーが
ネット中央寄りで
束になって
中央からの攻撃に備える

スプレッド

ブロッカー同士の
間を空けて
サイドの攻撃に備える

スピーディーにステップ動作を行うための手段

相手チームが仕掛けてくる攻撃の特徴を想定し、ネット際でブロッカーを各ポジションに配置する。このようにホームポジションをセットしておくと、スピーディーにステップ動作へ移行できる。

配置の種類としては、ネット中央からのクイックやバックアタックが多いチームに対しては「バンチ」、両サイドへの速い攻撃が多いチームは「スプレッド」、得点力の高い選手をマークする場合は「デディケート」や「リリース」、相手アタッカーに対してブロッカーを限定する「スタック」などがある。

相手の各ローテーションの攻撃フォーメーションやチームの戦術の目的に合わせて、配置を選択する。ネット際で構える段階でスタンバイしよう。

CHECK! リリースするタイミングに注意する

「リリース」はサーブが打たれてすぐに動いてしまうと、アタッカー陣に気づかれて裏を突かれてしまう。相手アタッカーが助走準備に入るタイミングを見計らってサイドに寄る。

デディケート

ブロッカー間の
距離を均等にせず
マークに合わせて
配置する

リリース

相手に気づかれない
タイミングでサイドに
寄ってマーク

スタック

どのブロッカーが
どのアタッカーを
マークするか
決めておく

サイドアタッカーがクイックをマークする戦術

ミドルブロッカーの負担を減らす配置

サイドブロッカーと
ミドルブロッカーは相手セッターと
ミドルブロッカーの動きを見て
クイック攻撃を仕掛けてくると
判断。アタッカーの正面で
スタンバイする

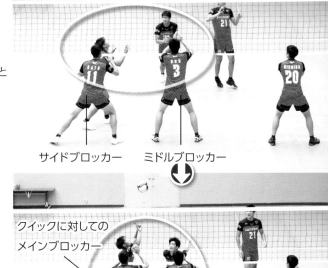

サイドブロッカー　　ミドルブロッカー

サイドブロッカーと
ミドルブロッカーはクイッカーの
助走に合わせて
ジャンプの準備をする。
サイドブロッカーはハンズアップの
ままアタッカーのほうに寄る

クイックに対しての
メインブロッカー

ヘルプ
およびケア

ミドルブロッカーの負担を減らすフォーメーション

ネット中央に構えるミドルブロッカーが、相手のクイック攻撃をマークし、サイドアタッカーがブロックのヘルプに入るのが従来の戦術のセオリーだ。

しかし、**相手チームに有力なアタッカーが多いときは、ミドルブロッカーに負担がかかってしまう。それを回避するために薦めたいのが、サイドアタッカーがクイック対応のメインブロッカーを務め、ミドルブロッカーがヘルプに入るという配置だ。**

あらかじめこのように配置を決めておくことで、身長の低い選手が逆サイドにいる場合、ミドルブロッカーはサイドにもすばやくケアに入ることができる。メインブロッカーとなるサイドブロッカーの能力にもよるが、1つの配置の選択肢として紹介する。

CHECK! どの攻撃にも対応できるように準備

レフト攻撃をマークするブロッカーは、ややレフト寄りに立ちアタッカーの動きから目を離さないようにする。セッターがサイドヘトスを飛ばしたとき迅速に対応できるように。

サイドブロッカーはアタッカーのスイングを見ながらクイックのコースを判断して踏み込む位置を決める。スイングから
目を離さずにジャンプを開始する

サイドブロッカーはアタッカーのクイックの軌道を塞ぐようにしてブロック。ミドルブロッカーはそのヘルプに入るようにして寄り添うように手を出す

サイドブロッカーは
メインブロッカーとして
手をしっかり前に出す。
ミドルブロッカーは逆サイドを
抜かれないように壁を作って間を
空けないようにする

49

ジャンプ直前に立ち位置を選択する

フロント

ブロッカーは攻撃を仕掛けてくる
アタッカーをネット際で判断。
すぐにアタッカーの正面へ移動し
セッターの状態を確認しながら
ブロックの準備に入る

アタッカー

ブロッカー

準備の時点でジャンプする地点を
決めておく。アタッカーの攻撃に
合わせてエリアを塞ぎ、
ボールをつかみにいくような
意識でブロックに跳ぶ

身長やジャンプ力を踏まえて有効な戦術を考える

　配置を決めた後の戦術の選択は、ジャンプする直前の準備だ。ネット際での立ち位置を選択し、相手の攻撃をブロックする体勢を作ろう。主に「フロント」と「ステイ」の2種類ある。「フロント」は相手の攻撃の種類を判断したら、相手アタッカーの正面へ移動。一方の「ステイ」は相手の攻撃にかかわらず、配置のホームポジションでとどまり準備する。

　この段階にくると、相手アタッカーとの駆け引きが色濃くなってくる。クイックなど相手チームのコンビネーション攻撃の戦術をよく見極め、ステイはブロッカー自身が罠を仕掛ける戦術となる。身長やジャンプ力を踏まえて、有効な手段を選択。またコート後衛のレシーバー陣とも戦術の統一を図っておこう。

CHECK! 自分に合った構えから最速で目標へ

「ステイ」からのブロックは、自分に合った構えから。少しでも早く目標へ達し守備エリアを明確にさせることが大切。構えの段階ですぐにジャンプできる体勢を作ろう。

ステイ

アタッカーの正面へ移動する
フロントと違い、ブロッカーは
ホームポジションから
動かないまま、トスの状況を
見ながらスタンバイする

ブロッカー

アタッカーの攻撃する
タイミングに合わせて
ホームポジションからジャンプ。
身体を斜めにして
アタックコースを塞ぐようにして
ボールに跳びつく

コツ① ホームから横に1歩移動して構える

ステイの状態よりも手厚くケアしたいときは「アジャスト」する。サーブが入ったら、ホームポジションから横へ1歩移動。アタッカーの正面までいかない位置で構える。

コツ② 真上に跳び、両手をスライドさせる

アジャストはステイよりもアタッカーまでの距離が近い。できる限り真上に跳び、両手をスライドさせるようにして攻撃エリアを塞ごう。

相手の攻撃を確実に判断したらコミットする

相手の攻撃位置を確認

相手のジャンプ動作に
合わせる

アタックの軌道を全力で塞ぎボールを掴みに行く

ジャンプ直前まで姿勢を作った後は、反応するタイミングを選択する。反応の種類は、「コミットブロック」と「リードブロック」の2つがある。相手チームの攻撃の性質に合わせてチームで実践していこう。

相手のセッターにAパス (セッターが定位置で上げるサーブレシーブ) が入った時点で、コミットブロックを選択していた場合は必ず遂行する。**相手のアタック動作か**ら目を離さず、タイミングを合わせるようにして全力でジャンプ。この時点でアタックの軌道を読みコースを塞いでいるため、アタックボールを全力で掴みにいく意識で反応するのがポイントだ。

A、B、Cクイック、コート中央からの速いバックアタックに対して攻撃を読み取った時は、積極的に仕掛けていこう。

CHECK! ボールをさわりにいく意識で跳ぶ

アタックの軌道を読んで跳びに行くブロックのため、できるだけボールをさわりにいく意識を強く持つ。アタッカーとの1対1の勝負に負けないという気持ちが成功の秘訣だ。

アタッカーのヒットポイントを確認

ボールを掴みにいく意識で塞ぐ

コツ① 跳ぶ位置を決めておく ゲスブロック

　セッターがトスする前からブロックの位置を決めておくブロックを「ゲスブロック」と呼ぶ。早く移動しないと間に合わないような攻撃や駆け引きを行うときに用いる。セッターがボールをさわった瞬間に移動する。

コツ② 手に当たったボールの 行方を確認する

　コミットブロックは成功すれば、一瞬で勝負は決まる。ブロッカーはボールが手に当たった後、どこに落ちたかを空中で確認しよう。相手チームがフォロー成功していれば、着地後はすぐにブロック準備に入る。

セッターのトスと一緒に移動し反応する

リードブロックの流れ

サイドブロッカーと
ミドルブロッカーは、
クイック攻撃がないと
見極めるまでネット際でステイ。
セッターがトスした方向を
確認する

トスが相手側のライトに上がり、
サイドブロッカーと
ミドルブロッカーは移動を
スタート。アタッカーの助走方向、
身体の向きを確認しておく

1.5枚から2枚以上で「守備エリア」を確立

　相手のサーブレシーブが多少崩れた場面では、AクイックやCクイックのような高速攻撃がくる可能性は低い。そんなときはアタッカーに直接コミットする「コミットブロック」の選択を解除し、セッターのトスとともに移動し反応する「リードブロック」を用いる。
　リードブロックはブロッカーが1.5枚から2枚以上で跳び、ネット際で「守備エリア」を確立させるのが目的。主にレフト、ライトの両サイドの攻撃に対しては、2枚以上でブロックにつけるように練習しよう。**
　また、リードブロックの効果を出すにはレシーバーと守備エリアを連動させることが必要不可欠。空中で身体が流れてしまうと、レシーバー陣の守備エリアが不明確になってしまうので注意したい。

CHECK! カタチを重視して跳びにいく

リードブロックは手を前に出して囲むよりも、しっかりカタチを作るのがコツ。手のひらをアタッカーに向けることでワンタッチにもつながり、レシーバーもフォローしやすい。

3

サイドブロッカーと
ミドルブロッカーはアタッカーの
状態を見ながら、
ヒットポイントを予測し踏み込む。
2人の動きをそろえて
クロスステップを行う

4

サイドブロッカーと
ミドルブロッカーはアタッカーの
スイングを見て、
アタックコースを判断。
踏み切る位置を決めて
ジャンプのタイミングを図る

5

サイドブロッカーと
ミドルブロッカーは身体が
流れないようにそろってジャンプ。
相手のアタックの軌道を
塞ぐようにして手を出しにいく

Column

サインブロックは使うタイミングと
使い過ぎに注意

　53 ページで紹介した「ゲスブロック」は、別名「サインブロック」と呼ばれている。サインブロックは、ベンチから次の相手の攻撃では、サーブレシーブやセッターのトスに関係なく、あらかじめどこにどのようにブロックに跳ぶか指示があり、それに従って作戦を実行するブロックだ。

　チームの特徴や仕掛けてくる戦術によって使い分ける。例えば、ライトの攻撃力が高ければレフトは捨てる。クイックの攻撃力が高ければ最初からブロックを 3 枚つけにいく。

　ブロッカーは相手の状況にかかわらず、あらかじめサインを出してレシーバーと共有。トスが上がる瞬間にサインどおり動けば良いので、非常にラクな戦術である。ここぞという勝負所で使う戦術だが、読みが外れるとノーブロックになってしまう可能性が高い。そのため、ブロッカーの考える力を喪失させないためにも使い過ぎには注意。仕掛けるタイミングも慎重に考えていこう。

PART 4

サーブとディグに
関連した戦術

サーブとディグが機能してこそ、ブロックが成立

CHECK POINT!

1 ブロックは単体のプレーだけでは機能しない
2 相手のサーブレシーブを崩し攻撃の選択肢を絞る
3 サーブからディグが点と線でつながるイメージで共有

サーブからディグが点と線でつながるイメージで

ブロックは単体のプレーだけで機能することはない。その前後にあるサーブとディグが機能してこそ、ブロックは成立する。サーブに関しては、相手の攻撃体勢を崩すための最初の攻撃だ。いかにサーブレシーブの返球を崩し、ネットから離れた所からセッターにトスをさせて、攻撃の選択肢を絞るかが鍵。サーブレシーブの状態を評価し、ブロックの準備に入る。

またレシーバーの役割であるディグは、ブロッカーが抑えられないエリアを守る重要なプレー。特にブロッカーが2枚、3枚のときはブロッカーの跳ぶ位置、手の動きとレシーバーの位置をしっかり連動させる。**サーブ、相手のサーブレシーブ、ブロック、ディグと一連の流れが点と線でつながるイメージで戦術を共有できるように練習に取り組もう。**

コツ ① **サーブレシーブの評価のつけかた**

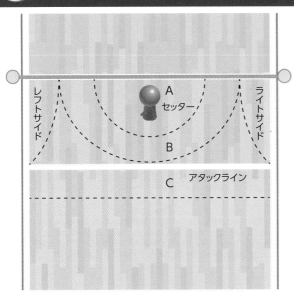

レフトサイド

ライトサイド

A
セッター

B

C アタックライン

　相手のサーブレシーブの精度を評価するときは、返球の位置とトスアップの位置で決める。

　セッターが良い状態で上げる「Aパス」など、その数は4種類ある。まずはサーブレシーブがどの位置に返球されるか、ブロッカー陣で判断する。

 コツ ② **ディグの位置はブロッカーの位置で決まる**

　レシーバーがディグする位置は、前衛にいるブロッカーの位置が決まって初めて決まる。よってブロッカーはどの位置で跳ぶかをいち早く明確にしなければならない。遅れて跳ぶときの約束事を決めておく。

相手がどこから攻撃してきても反応する

CHECK POINT!

1 セッターが定位置から動かない質のいいパスはAパス
2 ブロッカーはどこからでも攻撃がくることを想定し準備
3 相手チームの得意の攻撃パターンを分析しておく

セッターが定位置で
トスアップ

正面で構えコミットか
リードブロックで反応

どんな攻撃に対しても反応できるように備える

「Aパス」は、セッターが定位置から動かずにサーブレシーブが返ったパスのことを言う。セッターの体勢が崩れず視野も保たれているので、攻撃する相手チームにとってはベストな状態と言えるだろう。攻撃の選択肢も多いため、セッターのさじ加減で好きなところから攻撃することが可能だ。

ブロッカーはそれを踏まえて、相手のアタッカーがどこから攻撃してきても反応できるように備えておく必要がある。そのときのローテーション、相手アタッカーの特徴を見極め、対応できるようにシフトを組む。万全な状態で攻撃してくる相手のパターンを分析し、ネット際で罠をしかけよう。

コツ ① マンツーマンで コミットの準備

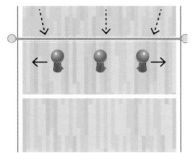

-----→ アタッカーの助走方向
——→ ブロッカーの移動方向

　Aパスのときはクイック攻撃を使ってくる可能性が高いため、ミドルブロッカーはコミットブロックの準備でマーク。またサイドからの速い攻撃も両サイドのブロッカーが対応できるように張っておく。

コツ ② ステイからの リードブロックで反応

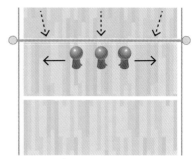

-----→ アタッカーの助走方向
-----→ ブロッカーの移動方向

　相手チームはどこからでも攻撃してくると想定する。ブロッカーはネット際でステイし、トスが上がったところに跳びにいくリードブロックを用いる。常に1.5枚から2枚でブロックにいけるようにそろって反応する。

コツ ③ スプレッドで 両サイドをマーク

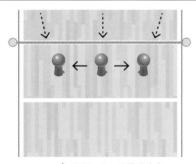

-----→ アタッカーの助走方向
——→ ブロッカーの移動方向

　両サイドの攻撃力が高いチームにはコミットブロックする意味がないため、コート中央からのクイックやバックアタックを手薄にする。スプレッドで構え、両サイドへ2枚そろっていけるようにする。

コツ ④ アタッカーの 優先順位をつける

　相手の攻撃力がローテーションによって変動する場合は、必ずマークすべきアタッカーの優先順位（写真①②）をつけて戦術を立てよう。複数マークすべきアタッカーがいる中でどうブロックにつくか判断力を磨いていく。

クイック攻撃の有無を判断して準備する

セッターが2、3歩移動した状態で
トスアップ

クイックがあるかないか
確認しながらネット際でステイ

CHECK POINT!

1 セッターが2、3歩動いた状態で
上げるパスはBパス
2 ブロッカーはクイック攻撃が
あるかないかを判断する
3 クイックを解除したら両サイドに
そろって移動できる準備

AパスとBパスの評価を狂いなく一致させる

相手のサーブレシーブがアタックライン上に上がり、セッターが定位置から2、3動いた状態で上げるパスを「Bパス」という。セッターがネットから離れることでミドルブロッカーとのコンビを合わせるリスクが生まれるため、クイック攻撃の確率が減る。

ブロッカー陣はこの時点でコミットブロックの準備を解除する。レフト、ライトの両サイドにトスが上がる可能性が高いため、セッターのトスが上がったら移動を開始するリードブロックのシフトを組む。

一番の肝となるのは、チーム内でAパスとBパスの評価を狂いなく一致させること。サーブレシーブが返球された時点で瞬時に判断し、ブロックの準備から呼吸を合わせることが大切だ。

コツ① クイックのマークをすばやく判断

　ブロッカーはサーブレシーブの評価と同時に相手のクイック攻撃があるか否かを判断。チームによっては崩れた状態からクイックを使ってくるチームもある。マークすべきか外すべきか、判断のタイミングがコツだ。

コツ② サイドへの移動はリードブロック

　クイック攻撃がないと判断した時点で、ブロッカーはトスの方向を見てサイドへの移動を開始。トスの距離が長いため、クロスステップのリードブロックで十分に間に合う。動きをそろえてステップし跳びにいく。

絶好のブロックチャンスを逃さない

アタックラインの後ろから
セッターがトスアップ

トスの方向を確認して動きを
そろえてブロック

CHECK POINT!

1 アタックラインよりも後ろに
上がり乱れたパスはCパス
2 ブロッカーはトスを上がる位置を
早めに確定させる
3 ブロッカーはフェイントや
山なりのアタックも想定しておく

トスの方向を把握し3枚ブロックで塞ぐ

　相手のサーブレシーブの返球が、アタックラインよりも後ろに上がった状態を「Cパス」という。つまりセッターがコート後方へ動き、体勢が崩れた状態でトスアップを行うため、トスの方向を把握しやすい。ブロッカーはセッターの動きから目を離さないようにトスが上がる位置を早めに確定させ、アタッカーのコースを3枚で塞ぎにいくのが理想。

　ブロックの上から打てるようなアタッカーは例外だが、標準の攻撃レベルのアタッカーはネット際に壁が待ち構えている状態であれば、フェイントか山なりのアタックを打ってくる可能性が高い。ブロッカーの背後にいるレシーバーや後衛のレシーバーは、コートに穴を空けないようにして確実にディグに入ろう。

コツ ① ブロックの息を合わせて壁を作る

相手の二段トスに対しては、いかにブロッカー同士で息を合わせられるかがポイント。どこに壁を作るか明確にしてレシーバーに知らせる。守備エリアを明確にすることがディフェンスの成功につながる。

コツ ② 弱い攻撃のときはノーブロック

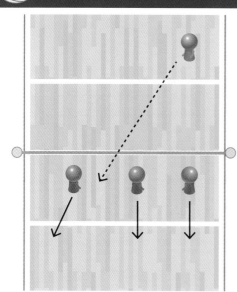

Cパスになったときは絶好のブロックチャンスだが、相手の攻撃がアタックラインよりも後方からくると判断した場合は、ブロッカーはネットから離れる。相手の攻撃を観察しながらアタックラインまで下がり、ディグの体勢に入ろう。

———▶ ブロッカーの移動方向

-----▶ アタックの軌道

セッターの得意なトスを分析しておく

レフトサイド時

セッターがレフトサイドへ
寄ったときのブロックは
ブロッカー2枚が相手のレフト側へ寄る

ライトサイド時

セッターがライトサイドでトス
を上げるときのブロックは、
レフト寄りに1枚残す

CHECK POINT!

1 相手のネット際の両サイドの
   コーナーに返球される場合がある
2 レフト、ライトの各サイドで、
   ブロックの準備は異なる
3 各サイドでのセッターの
   トスの特徴や癖を把握しておく

それぞれブロック準備が異なるファーサイド

ネット際のコート両サイドのコーナーにサーブレシーブが返球されるケースもある。セッターにとっては逆サイドにトスを上げる場合、距離のあるエリアだ。

アタッカーのローテーションの状況にもよるが、レフトサイド、ライトサイドそれぞれ、ブロックの準備の仕方は異なるので注意しよう。

特にセッターの能力によって、得意なトスを見極めておくのがコツ。ブロッカーはレフトサイド、ライトサイドでセッターのトスアップフォームやアタッカーの攻撃体勢を視野に入れて、配置を組むのがポイント。サーブレシーブの返球が各サイドに流れていくと同時に、相手の攻撃選択肢を絞ろう。

コツ ① レフトのテンポの速い攻撃に備える

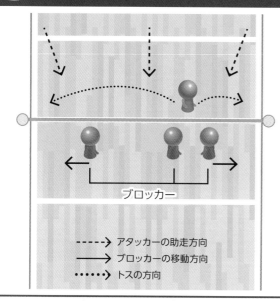

ブロッカー

```
-----▶ アタッカーの助走方向
───▶ ブロッカーの移動方向
‥‥‥▶ トスの方向
```

レフトサイドでは、セッターはバックトスをライトに伸ばすのは難しい。テンポの速い攻撃をレフト側に上げられる可能性が高いため、ブロックは相手のレフトに寄せておく。またバックトスを上げられたときのため、逆サイドのブロッカーはリリースしておく。

コツ ② セッターの体勢を見てブロックを寄せる

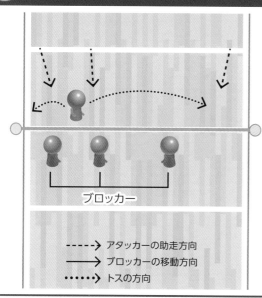

ブロッカー

```
-----▶ アタッカーの助走方向
───▶ ブロッカーの移動方向
‥‥‥▶ トスの方向
```

ライトサイドにおいては、セッターは前方向のトスが上げやすいため、セッターの傾向によっては中央でステイするか相手のライトへ寄る。ライトはヒットまでの時間も短くなりやすいため、厚めにマークする。

相手アタッカーと1対1の勝負を展開

CHECK POINT!

1　1対1の勝負はクイック攻撃がくると判断したとき
2　攻撃に対しブロッカーは駆け引きを行う
3　エリアを明確にしてブロック2枚分の効果を発揮する

レシーバーと連動し2枚分の効果を発揮

　ブロッカーが相手アタッカーと1対1で勝負する場面は、相手のセッターにAパスが入り、クイック攻撃がくると判断できたときだ。ブロッカーは相手のクイック攻撃の速さとスピード勝負をするかのようにすばやくコミットブロックを行い、ボールをさわりにいく。

　相手のアタッカーが打つコースやタイミングに対し、ブロッカーがどのタイミングでどの位置に手を出すのか、1対1の駆け引きが展開される。**ブロック1枚とはいえ、どのエリアを止めにいくのか明確にすることで、レシーバーとの連動でブロック2枚分の効果を発揮できる。その駆け引きを繰り返すことでゲーム中にコミットブロックの確率を高めていくことにつながる。**

コツ ① 壁のないスペースへ レシーバーが入る

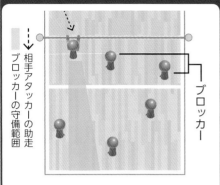

相手アタッカーの助走
ブロッカーの守備範囲

ブロッカー

1枚でストレートを空けたケース。ストレートコースにレシーバーを置き、ブロッカーの右手側のクロスコースにレシーバーを配置。ブロックに跳ばないブロッカーはブロックフォローやインナーのディグに入る。

コツ ② アタッカーの心理を 利用する

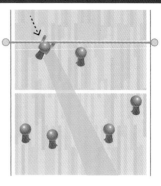

相手アタッカーの助走
ブロッカーの守備範囲

ブロックを避けようとするアタッカーの心理を逆手にとり、ブロッカーは真っ直ぐ跳ぶ動作から、手をクロス側に振りブロックしにいく。あらかじめレシーバーと共有しておき、レシーバーは塞がれていないコースに入る。

コツ ③ 相手アタッカーが 見える位置で構える

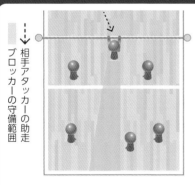

相手アタッカーの助走
ブロッカーの守備範囲

中央の攻撃に対して1枚ブロックするケース。後衛中央のレシーバーはブロッカーの後ろ正面から少しずれたアタッカーが見える位置で構える。ブロックに跳ばないブロッカーはブロックフォローに入る。

コツ ④ ブロッカーの後ろ正面で レシーブに入る

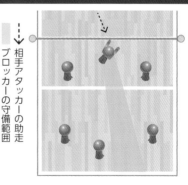

相手アタッカーの助走
ブロッカーの守備範囲

ブロックを回避しようとしてコースを切ってくるアタッカーの攻撃に対し、真っ直ぐ跳ぶふりをして手をふるケース。レシーバーはブロッカーの正面背後に位置で構えておく。ワンタッチボールなども意識しよう。

69

わざとストレートコースを空けて守備を固める

**ブロック2枚が
ストレートコースを空ける**

前衛のサイドブロッカーはフェイントカバー、ストレートコースにはセッターかオポジットが入る

オポジット
or
セッター

ストレートコースへのアタックはリスクが伴う

　ブロッカーが2枚跳ぶ場合は、ストレートコースを空けて跳ぶか、締めて跳ぶかの2種類。リードブロックで跳ぶ場合は、ストレートコースを空けて跳ぶとよい。

　相手アタッカーにとってはアンテナとブロックの隙間を抜いて正確にストレートコースへ打つのはリスクが高い。アウトになる可能性もあるので、無理して締めにいく必要はない。また、あえてストレートを空けることでブロッカーの移動距離も短くなり、その分ミドルブロッカーの負担も減る。

　ライト側のブロックは、ストレートのディグにセッターかオポジットが入る。レフト側のブロックは、リベロが入る。レシーバーは穴が空かないようにバランスをしっかり保とう。

CHECK! ヘルプ時はブロックの間を空ける

サイドにいる左側のブロッカーが中央からの攻撃に対してヘルプに入るケース。ブロッカーとブロッカーの間を空けて跳び、そこにレシーブがポジショニングするフォーメーションだ。

ケース1

**ストレートコース
1枚分空ける**

ストレートコースをブロック1枚分、空けているケース。ストレート位置にはレシーバーを置く。クロスにくる可能性が高いため、ブロック右横の延長線上からアタックラインにかけて3人のレシーバーを配置。

ケース2

**ストレートコース
2枚分空ける**

ストレートコースをブロック2枚分、空けているケース。ストレートコースにレシーバーを2枚置き、逆サイドのクロスにはレシーバーを2人配置。前後のずれがないようにブロックの位置を明確にする。

アタッカーの正面を塞ぎクロスコースを強化

ケース1

**ブロック2枚が
ストレートを締める**
リベロはフェイントカバーに入り、クロス方向にレシーバー3人を固める

ワンタッチボールとフェイントをケアする

　相手アタッカーにクロスを打たせる戦術や相手の攻撃がどこからくるのか速めに判断したときは、ストレートコース締めのブロックで対応する。

　ストレート締めの場合は、ストレートコースにレシーバーは置かない。ブロッカーの背後にフェイントカバーを置き、クロスコースを強化する。3枚締めのとき、レシーバーはコート後方へのワンタッチボールを頭に入れておく。フェイントへの対応も誰が対応するのか、ポジショニングをしっかり決めておく。

　ステップおよびジャンプが遅れてしまったブロッカーは、そこであきらめてはいけない。ソフトブロックでワンタッチボールを狙いヘルプに入る意識を持つ。最後までブロッカーの役割を全うしよう。

CHECK! フェイントはハーフの位置がケア

相手のサイド攻撃に対して3枚跳ぶ場合、ブロックのいない
サイドにレシーバー2人、ブロックの後ろのハーフ位置に1人
配置する。フェイントはハーフ位置のレシーバーがケアする。

ケース2

ブロック3枚で跳ぶ

中央からの攻撃に対して、ブロッ
カーの両サイドのクロスにレシー
バーが入る。

コツ① バックアタックはストレートを締める

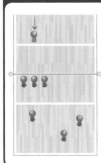

　高いトスからの攻撃
に対しては、スパイクの
距離が長くなることで
レシーブのしやすいクロ
スに打たせたい。そ
のため、ブロッカーは2
枚でも3枚でもストレー
トコースを締めてしっ
かり壁を作ろう。

コツ② ブロッカーはむやみに手をふらない

　ブロッカーは跳ぶ位
置を明確にした後、むや
みに手を振ったり動か
したりして、抑えにいく
コースを変えてはいけ
ない。駆け引きにおい
て動かすときは、レシー
バーとの意思疎通のも
と、手を動かすこと。

73

Column

イメージと現実のプレーのギャップを埋める

　ブロックの戦術面では他のブロッカーと息を合わせていくため、1人1人のブロッカーに課せられた役割が重要になってくる。他のブロッカーとの動きがそろっているか、1枚の壁として成立しているか、日々映像で確認する習慣をつけよう。

　とくに長い距離を移動するクロスステップはジャンプ後、ブロッカーの身体が流れ、空中で半回転することもある。身体が回転してしまうとブロックのズレが生じ、ディグに影響が出てしまう。そうならないためには、ステップの最後に外側の足をしっかり踏み込み、身体の軸を意識してまっすぐ上へジャンプする。

　どうしても身体が回ってしまうというブロッカーは、自分のプレーを撮影して実際のプレーをチェックしよう。身体が流れて回っていないとき、いるとき、それぞれどんな足の角度で踏み込んでいるか違いを抽出することが大切だ。どの力加減、どの角度で踏み込んだら回らないのか、客観的に見てイメージと現実のギャップを埋めていこう。

PART **5**

弱点を克服する
ブロック練習

成長段階や環境に応じて練習方法を選択

CHECK POINT！
1 練習の段階を追って強度を上げ、複雑化させる
2 重要なのは練習メニューよりもどんな意識で取り組むか
3 成長や環境に応じて練習方法を選択する考えを持つ

メニューよりもどんな意識で取り組むかが大切

練習のコンセプトは、段階を追ってクリアし強度を上げていくこと、シンプルな動きから複雑化させ、実戦をイメージすることの2つ。ここではブロックの技術向上のための基本練習や応用練習を紹介するが、重要なのは練習内容よりも、どんな意識を持って取り組むかで効果の度合いが変わる。

個々の骨格や体格がそれぞれ違うように、**練習メニューにおいても合うか合わないかは人それぞれ。どれが正解とは言えない。そのため、多種多様な練習方法を自由に実践して引き出しを設け、必要に応じて使い分けるのが大切。**

ひとつの練習にこだわらず、成長段階や環境に応じて練習方法を選択できる考えを持とう。それが結果的にプレーの幅につながる。

コツ ① シンプルな練習も意識で負荷が変わる

　基本練習は比較的難易度が低いため、動きが雑になりがちだ。シンプルな練習も全力で取り組めば、しっかり負荷がかかる。簡単な練習でもきついと感じられるように自らの意識を設定し、取り組むことが大切。

コツ ② 段階を追って強度に変化をつける

　ひとつひとつの技術をマスターしていくには、成長の段階を追って強度に変化を加えていく。あらかじめ回数を設定しておくと強度の度合いを設定しやすい。すべての練習においてセット数、回数は必ず設定しておこう。

コツ ③ 対応力を養うため試合をイメージ

　シンプルなもの、強度を上げて負荷をかけていくもの、どの練習においても大切なのは、実戦をイメージすること。ブロックは自分本意ではなく相手ありきのプレー。対応力が鍵を握るため、練習の段階で試合を想定しよう。

コツ ④ どんな練習も個人の意識次第で変わる

　練習は上手くなるために行うものだが、「これをやれば絶対に上手くなる」という決まったメニューはない。重要なのはその内容よりも個人の意識。パフォーマンス向上を掲げて積極的に練習をアレンジしていこう。

アタッカーの動きを観察してコースを塞ぐ

アタッカーの動きを観察するブロック練習

1

ブロッカーの正面にはネット越しにアタッカーがスタンバイする。ボールを投げる人はブロッカーの真後ろに立ち、アタッカーに向かってボールを投げる

アタッカー

2

アタッカーはコートに入ってくるボールから目を離さないようにタイミングを合わせて助走に入る。ブロッカーはその動きだけを見てブロックの準備をする

1対1の基本的な目の動かし方を身につける

　ネット際で相手の動きを観察する際、ボールの動きだけを見てしまいがち。この練習はアタッカーの動きをしっかり観察してアタックコースを塞ぐのが目的だ。

　初級レベルのプレーヤーでも、アタッカーから目を離さないようにアタッカーのスイングのタイミングに合わせてジャンプをすれば、シャットアウトできなくてもボールにさわることはできる。

　最初はボールをさわることから始め、1対1の基本的な目の動かし方をこの練習で身につけよう。

　ブロッカーの背後からボールが出され、アタッカーがダイレクトでボールを打つため、ブロッカーはボールの動きを見る必要がない。アタッカーの動きだけに注視してタイミングを図ってブロックをしに行こう。

ブロッカーはアタッカーの身体の向き、スイングの位置からヒットポイントを判断する。その動きから目を離さず、タイミングを合わせてジャンプの体勢に入る

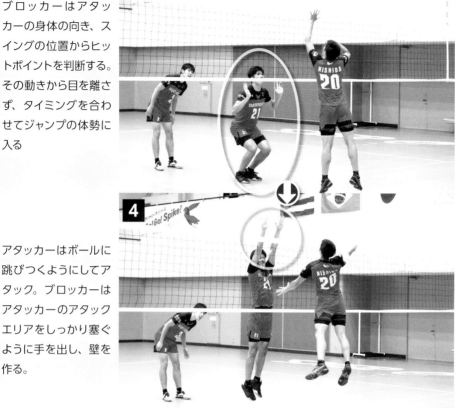

アタッカーはボールに跳びつくようにしてアタック。ブロッカーはアタッカーのアタックエリアをしっかり塞ぐように手を出し、壁を作る。

コツ① ボールを投げる距離を変える

最初はアタックライン付近からボールを投げるが、慣れてきたらボールを投げる距離を空けてアタッカーに負荷を与える。ブロッカーは、アタッカーの動きを予測するのが難しくなる中で、対応できるようにしよう。

コツ② ボールを投げる位置を工夫する

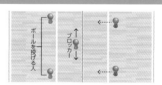

慣れてきたらボールを投げる位置をその都度変える。どの位置からボールを投げるかわからない状態でアタッカーの動きだけを観察。純粋にアタッカーの動きだけを追い、ブロック準備しコースを塞ぎにいく。

正確な踏み切りと着地が空中バランスにつながる

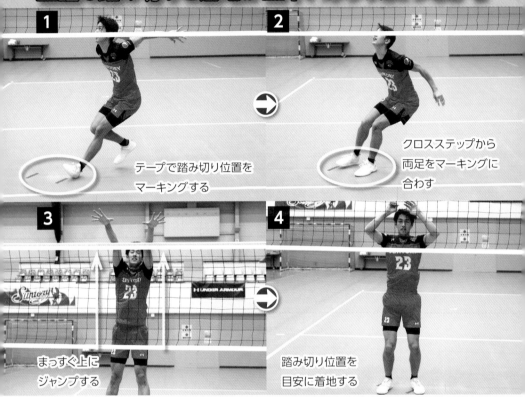

1 テープで踏み切り位置をマーキングする

2 クロスステップから両足をマーキングに合わす

3 まっすぐ上にジャンプする

4 踏み切り位置を目安に着地する

正確な踏み切り位置を身体にしみ込ませる

クロスステップで長い距離を移動してジャンプの踏み切りを行う際は、勢いがついているため、踏み切り位置が安定しない場合がある。ネットに近すぎるとネットタッチの恐れがあり、離れすぎると手を前に出せない。上達するためには、手をしっかり前に出せる位置で常に踏み切れるようにする。

その位置を身体にしみ込ませるため、床にマーキングし足を合わせて踏み切る練習をしよう。

この練習の最終目的は、空中で身体がぶれないようにすること。正確な位置で踏み切った後は、着地も同じ位置になるように意識する。

同じ位置に着地できれば、空中で身体がぶれていない証になるので着地位置のチェックを忘れないようにしよう。

練習中、全力でジャンプする回数を重ねる

アンテナに向かって踏み込む準備

全力で最高到達へ手を伸ばす

身近なものを利用して定期的に計測する

バレーボールプレーヤー皆の目標であるジャンプ力アップ。ジャンプ力を向上させるための近道は、全力でジャンプする回数を重ねること。そうすることで必然的にでん部や太腿など下半身に筋肉がつき、大きな力を生み出せるようになる。

ウォーミングアップを兼ねて、身近にあるものを利用してジャンプする習慣をつけておく。ポイントはブロックジャンプやスパイクフォームをイメージして常に力を出し切るようにしてジャンプする。

体育館であれば、壁やバスケットボールのゴールネットやリング。なければ、アンテナのマーキングを目印にジャンプの回数を重ねよう。確実に向上を図るため週1回、垂直跳びやランニングジャンプの計測を行い、ジャンプ力をチェックしよう。

シンプルな動きから実戦に近づけていく

ステップのみ

1. サイドステップの動きで往復する
2. クロスステップの動きで往復する
3. クロスステップで進み、サイドステップで戻る

∧：ブロックジャンプの位置
――→：サイドステップの移動
-----→：クロスステップの移動

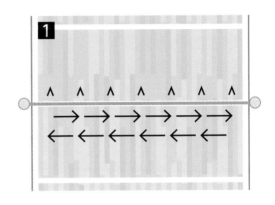

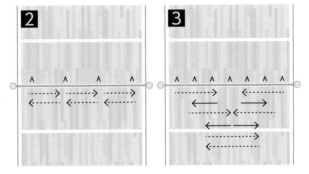

ネットの向こう側には相手アタッカーがいないため、アタッカーの位置を想定してブロックジャンプを行う

回数を設定して適正な強度を高めていく

ボールへの反応をすばやく行い、安定したステップを身につける練習。ボールを使わないシンプルな動きから、少しずつ動きを複雑にして段階を追って取り組んでいこう。

最初はボールを使わずにステップの動きのみ行う。次の段階として相手コートに台を置き、ポジションを想定。最終段階としてネット上にボールを設定しブロックのカタチまでを目標にしてステップ練習を行う。

意識するポイントは、シンプルな動きほど確実に行い、動きの強度が上がっていく中で、身体のバランスを崩さずにスムーズにステップできるか。強度を上げるときの目標設定を考え、あらかじめジャンプする回数を決めておくとよい。基本的な動きをマスターし、より実践に近づけていこう。

CHECK! 簡単だからこそ全力で取り組む

最初はステップのみをひたすら繰り返す簡単な動きから練習に取り組む。難易度が低い練習だが、シンプルな動きほどフォームを意識して全力で動くことが上達につながる。

相手コートにポジションをマーキング

4 サイドステップで反復

5 サイドステップとクロスステップを組み合わせる

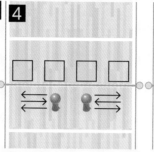

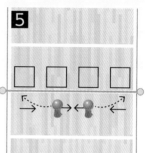

ボールを配置する

6 後方から指示を出しその方向へ移動する

7 ボールに向かって手を出しサイド、クロスそれぞれステップを行う

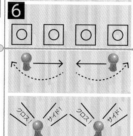

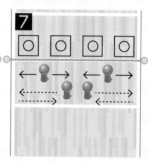

🏐 ブロッカー 　☐ アタッカーをイメージさせる台 　◯ 台上でボールを構える

コツ① ひとつひとつ課題をつぶしていく

練習の構成はボールなしからボールあり、サイドステップからクロスステップ、最後は2つを合わせたステップと少しずつ複雑化させる。簡単な動作から課題をつぶす。

コツ② 試合に近い状態をイメージしてステップ

最終段階としてセッターのトスに対して反応しステップを行う。最初は上げる方向を設定、慣れてきたらどちらにトスを上げるかわからない状態ですばやく反応する。

83

相手の攻撃力を分析し優先順位をつける

仮想チーム1

アウトサイドヒッター(OH)①=攻撃力が高い
オポジット(OP)、OH②=攻撃力が低い
ミドルブロッカー(MB)=1人の攻撃力が高い

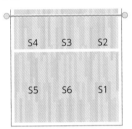

🔵：ブロッカー　　——→　：第一優先
🔴：前衛　　　　——→　：第二・三優先
🔵：後衛

S4　S3　S2

S5　S6　S1

ローテーション名はセッター（S）
のポジションによって表記する。
サーブポジションから時計回りにS
1、S6、S5、S4、S3、S2と6ヵ
所それぞれ、6つのローテーション
ごとの攻撃フォーメーションに対し、
ブロッカーは優先順位をつける。

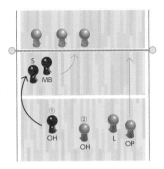

S4

前衛にOH①が
いるのでブロッ
カーをレフト側に
寄せて必ず2枚
つく。サイドのブ
ロッカーがクイッ
クをマーク

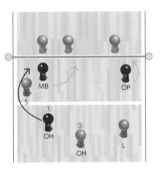

S5

攻撃力の高いMB
が前衛に上がって
くる。レフトの
OH①の動きから
目を離さずステイ
でマーク

仮想チームを想定し優先順位を判断する

実際の試合では相手の有力なアタッカ
ーの数やローテーションによって、ブロッ
カーは優先順位をつけて準備していく必
要がある。

**レベルが高いチームほどすべての攻撃
をマークするのは難しく、判断の遅れがブ
ロック効果を下げる可能性があるからだ。
この練習では2つの仮想チームを作り、相
手の攻撃力からブロックの優先順位を判**断する。すばやく準備を行い反応できるよ
うになろう。

1つ目の仮想チームは、オポジットの攻
撃力が低くセッターから近い位置にいるア
ウトサイドヒッター①の攻撃力が高い。対
角のアウトサイドヒッター②の攻撃力は弱
く、ミドルブロッカー1人に攻撃力がある
ケース。しっかり頭に叩き込んで準備しよ
う。

CHECK! アウトサイドの攻撃を把握する

アウトサイドヒッター1人だけ攻撃力が高いチームは、アウトサイドヒッターの攻撃能力をしっかり把握しておく。バックアタックが打てるか否か、それによって優先順位が変わる。

S3

OH ① が後衛に下がる。OH ① と OP のバックアタックがなければ、ブロックをライトに寄せる

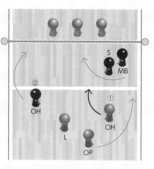

S2

OH ① はサーブレシーブをした後、攻撃するのは難しくなる。状況を見極めて OH ② の攻撃をしっかりマークする

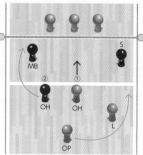

S6

OH ① が前衛に上がってくる。デディケートかリリースでレフトをマーク

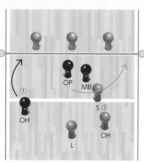

S1

両サイドにいる OP と OH ② よりも後衛にいる攻撃力の高い OH ① の動きから目を離さない

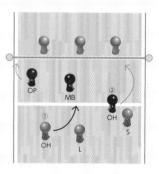

コツ① サイド攻撃には スプレッドやデディケート

アウトサイドヒッター①のバックアタック能力が低ければ、前衛の両サイドにいるオポジットやアウトサイドヒッター②をマークする。スプレッドやデディケートで配置する。

コツ② 後衛よりも前衛にいる アタッカーを優先

S3、S4、S5はアタック枚数が3枚だが、注意すべきはS5のみ。S4、S3に関してはオポジットが後衛に下がる。ミドルブロッカーとアウトサイドヒッターを優先する。

ブロックの優先順位を視覚化して分析する

仮想チーム2

OP、OH②=攻撃力高い
OH 1=攻撃力が弱い
MB＝1人が攻撃力高い

🏐：ブロッカー　　⟶　：第一優先

🏐：前衛　　⟶　：第二・三優先

🏐：後衛

ローテーション名はセッター（S）のポジションによって表記する。サーブポジションから時計回りにS1、S6、S5、S4、S3、S2と6ヵ所それぞれ、6つのローテーションごとの攻撃フォーメーションに対し、ブロッカーは優先順位をつける。

S4

レフト、ミドルからの攻撃をステイでマーク。攻撃力のある OP は 1.5枚つけるように準備

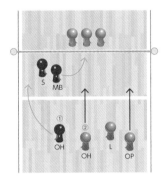

S5

攻撃力のある MB が前衛のため難度が高い。OP のライト、OH ②両方の攻撃に対応できるようにネット中央にてステイで準備

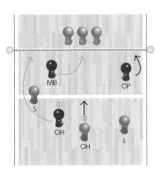

攻撃力の高いローテーションは優先順位を確認

　2つ目の仮想チームは、オポジットに攻撃力がありセッターから遠い位置にいるアウトサイドヒッターの攻撃力が弱い。その対角にいるアウトサイドヒッターの攻撃力が高くミドルブロッカー1人に攻撃力があるケースだ。

　一番の肝となるのは、攻撃力の高いアタッカーが数多く前衛にいるローテーション。オポジットの攻撃力が高い場合は、バックアタックがどれだけ機能しているか見極める必要がある。機能しているならば最大4枚、マークする必要があるだろう。**

　機能していないのならば、前衛にいるアタッカーに絞ってマークを優先する。各ローテーションにおいて優先順位を視覚化することが大切。頭の中を整理し、分析の方法を少しずつ身につけていこう。

CHECK! バックアタック能力を見極めて判断する

S3、S4、S5は最大4枚攻撃してくるローテーション。ただしS3とS4のオポジットは後衛なので、バックアタックの破壊力がある場合は1.5枚から2枚つけるように準備する。

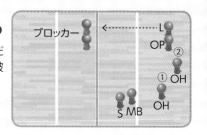

S3

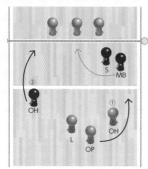

OH ② が前衛なのでマーク。MB はライトから助走するのであればサーブで狙ってつぶす

S2

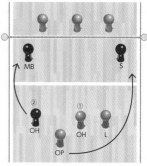

MB は攻撃力が低いので、レフト、ライト両サイドのみおさえる

S6

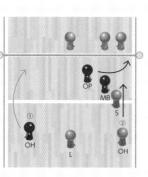

OH ① が前衛、OP のライト攻撃をマーク。OH ② のバックアタック力を確認し有力であれば、ブロックはライトに寄せる

S1

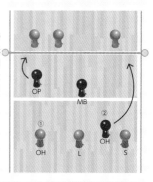

レフトとライトのサイド攻撃を優先してマーク。OH ① は守備型のためバックアタックはない

コツ① 中央からの速い攻撃はバンチで構える

オポジットやアウトサイドヒッターら攻撃力の高いアタッカーが中央から速いバックアタックを打ってくる場合は、ブロックを中央に寄せてバンチの配置で構える。トスを見てから移動するリードブロックで対応しよう。

コツ② ミドルブロッカーの助走をサーブで狙う

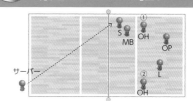

相手ミドルブロッカーがクイックを打つ場合は、セッターに向かってライト側から助走してくる可能性がある。サーブを打つときはミドルブロッカーの助走の始点を狙い、スムーズに攻撃をさせないようにする。

セッターの生のトスに合わせてブロック

コートに6人入り、ブロッカー、
レシーバー前後の関係を確認する

場面設定で決められた任務を遂行する

コートに6人が入って行うゲーム練習は、これまで取り組んできた基礎練習や複合練習を試す場である。実戦形式になるとブロックだけにフォーカスするのは難しいかもしれないが、練習してきた視線の動かし方、ステップ、ジャンプなどの基本の動きが使えているか、チェックしよう。

ゲーム形式の一番の利点は、セッターの生きているトスを打つアタッカーに対してブロックがつけること。**最初は場面を設定し、サーブレシーブのシチュエーションによってブロックの枚数を決めておく。**

各ブロッカーが意図して任務を遂行できる確率が高くなってきたら、ランダムな場面でもブロッカーがそろって反応できるように意識しよう。

CHECK! チームメイトのことを知る機会を活かす

チーム内でのゲーム練習は、チームメイトのことを知ることができる絶好の良い機会。レシーバーとのポジショニング、ディフェンスラインに穴がないようにしっかり確認しておこう。

ゲーム形式はブロックだけではなくアタッカーの練習にもなる。ブロッカーは相手セッターの生きているトスに対して、どれだけ対応できるか意識する。

Column

チームの監督になってから、練習メニューを考える立場になった。IT化が進む現代、世界中の情報を得ることができ、海外チームの練習も映像で見ることができる。

当然、選手たちはレベルの高いチームが取り組んでいる練習を経験して、それと同じ技術を身につけたいと思うだろう。向上心を抱いている選手ならば、そう思うのが自然だ。

そこで真っ先に言いたいのは、練習メニューに「正解はない」ということだ。強いチームの練習を質が良く見えるのは、高い技術と意識があってこそ。大切なのは、練習に取り組む意識。どんなシンプルな練習でも、意図をもって取り組めるかによって上達の度合いも変わってくる。

PART 5で紹介した練習においてもメニューをただこなし、ボリュームを増やしても何も生まれない。1本1本のボール練習は、気持ち次第でそれは質の良い練習になる。そのため、練習に対しての理解度をしっかり深めていくことが、成長へのチャンスにつながる。

ブロック技術を
磨くトレーニング

実際の動きと連動させてトレーニング

1 フィジカルトレーニングは下半身と体幹を中心に強化する
2 身体が出来上がっていない中高生は正しいフォームを意識
3 実際のステップやジャンプをイメージしながら行う

上半身、下半身、体幹をくまなく強化する

効果的なブロックを行うために必要なフィジカルトレーニングは、すばやい移動を行える力強い下半身と、空中でぶれることのない体幹の力がメインとなる。

トレーニングを行う場合も、下半身や体幹の強化を意識する。鍛えるポイントにしっかり刺激を与えられるように正しいフォームで行うことが大切だ。まだ身体が出来上がっていない中学生や高校生がトレ

ーニングを行う際、正しいフォームで行えないとケガのもとになるので注意しよう。

トレーニングメニューに取り組むときは、ただ回数をこなすのではなく、実際のブロックステップやジャンプ、空中姿勢をイメージして、トレーニングと連動させることが大切だ。

コツ ① リズムよく身体を 動かし敏捷性を磨く

　床の上ですばやく反応して移動できるように「スキップ」や「ステップ」で俊敏性を身につける。ウォーミングアップを兼ねてのトレーニングとなるので、しっかり身体を動かし練習前に取り入れるのをすすめたい。

コツ ② 多方向へ動かせる 関節の柔軟性

　筋力を強化するうえで大切になってくるのは、関節の柔軟性。バレーボールでいえば、股関節と肩甲骨周りの関節は重要度を占める。多方向にすばやく動かし、可動域を広げるトレーニングに取り組もう。

コツ ③ プレーをイメージしながら 体幹強化

　安定したステップ、空中でのバランス姿勢を保つには、腹部や背中などの体幹の力が必要。基本的な腹筋、背筋トレーニングに加え、ブロック姿勢を意識したメニューを取り入れると効果的だ。イメージしながら取り組もう。

コツ ④ 動く前と後のケアが プレーに影響する

　ウォーミングアップではしっかり筋肉を温め、心拍数を上げていく。身体の深部を温めるインナーマッスルトレーニングも積極的に行うとより良い。動いた後は、筋肉の疲労を取り除くためのクールダウンを行う。

足裏はできるだけ接地させず敏捷性を磨く

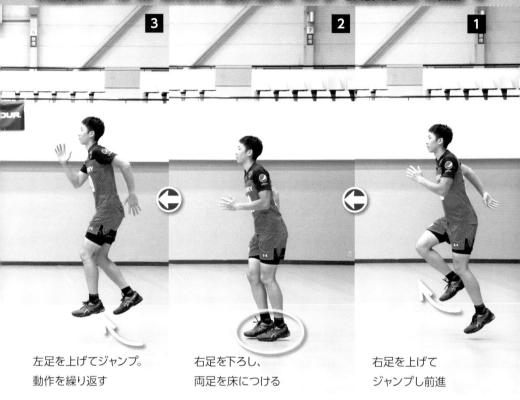

左足を上げてジャンプ。
動作を繰り返す

右足を下ろし、
両足を床につける

右足を上げて
ジャンプし前進

体幹のバランスを崩さないように前進する

　ウォーミングアップとしても兼用できるスキップしながらジャンプを行うトレーニング。両手をしっかり振り、スキップする際は両足を上げる意識で行う。足の裏の接地時間を短くし、動きに負荷をかけるのがポイントだ。

　体幹のバランスを崩さないようにして軽やかに前進する。もし、正しいリズムでスキップできない選手がいたら、最初は基本のスキップを身につけ、できるようになったらジャンプを加える。まずは正確なリズムを刻めるようにしよう。

　動きに慣れてきたら、足幅を狭めたり広めたりしてスキップのリズムを変える。どんなリズムにおいても、足裏はできるだけ床に接地させないように心がけ、敏捷性を磨いていこう。

下半身を強化してステップの幅を出す

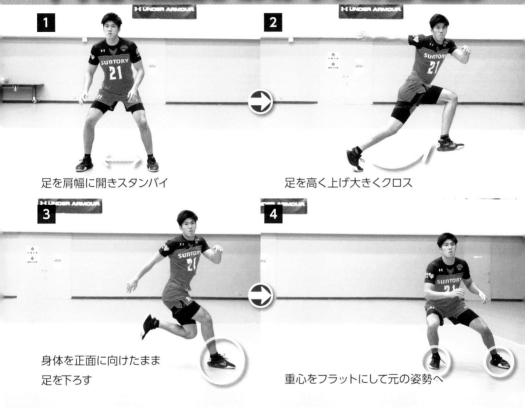

1 足を肩幅に開きスタンバイ

2 足を高く上げ大きくクロス

3 身体を正面に向けたまま
足を下ろす

4 重心をフラットにして元の姿勢へ

ヒザを高く上げて行うクロスステップ

　足を交差させるクロスステップの動きに近い「ニーパンチ」と呼ばれるステップのトレーニング。

　身体を正面に向けたまま、ヒザを身体の前で極力高く上げ、クロスさせるときに身体を浮かす。浮かした足を着地させる際は、しっかりヒザを曲げて身体は正面に向ける。このとき、足裏全体を床につけて重心はフラットにさせる。それを一連の動きとして左右両方へステップを行う。

　ニーパンチは足を高く上げることでクロスステップに幅が出る。それが下半身の強化にもつながり、通常のクロスステップのスピードアップや持久力が養われる。

　苦手な方向がないように左右、同じ動きができるようにステップ練習を積み重ねよう。

下半身の中枢・股関節の柔軟性を高める

1 右に振る

1 太腿を上げる

1 太腿を前に上げる

2 左に振る

2 股関節を開く

2 太腿を後ろへ上げる

股関節の可動域を高めてステップに活かす

ネットを使ったウォーミングアップとしても活用できる股関節のトレーニング。床の上を360度多角的に動く競技であるバレーボールは、下半身の中枢となる股関節の柔軟性が大切だ。常日頃から股関節の可動域を高めておくことが、ブロックの準備や移動にもダイレクトにつながる。

ネットの白帯を持って身体を支えたと

ころからスタート。背筋をまっすぐにした状態で片足で立ち、片方の足を動かしていく。**このとき、つま先を動かす意識ではなく、どのメニューも足の付け根から足を動かし、慣れてきたら速く動かしてみよう。**

足が開かなかったり、上がらなかったり、関節の動きが硬い人は、少しずつ可動域を広げていけるように意識しよう。

腕の動きを司る肩甲骨の柔軟性を身につける

1 ヒジを曲げ手のひらを上へ向ける

2 両手を前に出し手のひらを外側へ

3 身体の前で手のひらを合わせる

4 頭の後ろで手のひらを合わせる

5 ヒジを水平にし手のひらは正面

6 ヒジの先を下ろし手のひらを後方へ

両腕を多方向に動かしスムーズに動かす

　ブロックはもちろんのこと、バレーボールを行ううえで最も大切な関節の1つにあげられる「肩甲骨」。肩甲骨の周りにある筋肉や関節は、腕の動きを司る重要な部位だ。基本的な動かし方は、2つの肩甲骨を中央に寄せ、外側に開く（P99参照）。

　柔軟性を高めるトレーニングは多種多様。写真のように両腕を多方向へ出し、曲げたり伸ばしたり、手のひらの向きを変えていく。そうすると肩甲骨は上下、左右、斜めと動く。

　動かすときは腕の付け根の可動を意識して、これらの動きをスムーズにできるように意識する。ウォーミングアップとトレーニングを兼ねてしっかり動かす習慣を身につけよう。

空中でバランスのよい姿勢を作るために

両手、両足を床につける

手を前に出し身体を倒していく

くの字をイメージして身体を寝かせていく

身体が床につかないように両手足で支える

「く」の字をイメージして体幹を強化する

　空中でブロックジャンプの姿勢をしっかりキープするためのトレーニング。肩を締めた状態で床に両手をつき、手を少しずつ前進させていく。ブロックのカタチである「く」の字をイメージし、身体が伸びた状態になったらうつ伏せの状態で身体を支える。そこまでいったら、両手を身体のほうへ引き、少しずつ立ち上がっていく。

　少しハードなフィジカルトレーニングだが、くの字の姿勢やうつ伏せの姿勢をキープするだけでも、十分負荷がかかりトレーニングとなる。安定した状態で身体を支えられるようになれば、空中でもしっかり体勢をキープできるようになる。腹部、背部となる体幹に力を込めてトレーニングに取り組もう。

ケガをしないために身体をしっかりケア

1 下半身

片足を床につけて
手で足首をつかむ

2

足裏をでん部につけて
下半身を伸ばす

1 上半身

四つん這いになり
肩甲骨を上に突き出す

2

肩甲骨を真ん中に
寄せるようにして腰を反らす

大きい筋肉、深部にある筋肉をしっかり温める

　練習前のウォーミングアップでは、積極的に筋肉を動かす動的ストレッチ、練習後のクールダウンでは筋肉をしっかり伸ばす静的ストレッチを導入する。

　ストレッチだからといって、決して手を抜かないこと。**使う筋肉を把握し、しっかり伸縮させることがケガを防ぎ、パフォーマンス向上にもつながる**。とくに肩回りとでん部、太腿などの下半身は正し

いフォームを意識してストレッチに取り組もう。

　また、ウォーミングアップでは、大きい筋肉だけではなく、身体の深部にある小さい筋肉、いわゆるインナーマッスルもしっかり温めることが大切。チューブやバンドを用いて、細かい動きを繰り返し行い、深部の筋肉を動かしていこう。

Column

自分の力が発揮できる
身体の使い方を知っておく

　バレーボール選手にとって永遠のテーマであるジャンプ力のアップ。まだ骨格が定まらない中高生は、ボリュームのあるウエイトトレーニングは身体に負荷がかかるため、導入時期を間違えないようにしたい。

　それよりも重視したいのは、身体のどこの筋肉を意識して力を使えば、自分がジャンプ力をアップできるか把握すること。身体的特徴や発達段階によって、筋力の出力の方法は異なる。ジャンプであれば、でん部や太腿などの大きい筋肉なのか、ヒザ周りの筋肉なのか。自分の力を発揮できる身体の使い方を知っておくことが大切だ。

　ジャンプ力を上げるために、必要な筋肉が鍛えられるバレーボール以外の競技に取り組むこともおすすめする。とくに陸上競技の短・中距離、ジャンプ系の競技などは自然に下半身が鍛えられる競技だ。競技の質も上がれば、筋肉も鍛えられていることになる。

　ジャンプ力のある選手は、かつて陸上競技をやっていたという話もよく聞く。環境によって兼務が可能ならば、チャレンジしてみよう。

PART 7

ブロック効果に関連する知るべきデータ

バレーボールの構造を理解して知る

CHECK POINT！

1 プレーの関係性に基づくデータを収集する
2 データはアプリケーションへの入力や手書きで収集する
3 必要なデータのどこを見てどう現場に落とし込むかが鍵

© FIVB

単体データだけではなく関係のあるデータを見る

　IT化が進み、データが重視されている昨今。ブロックの効果率を上げるために必要なデータは知っておきたいところだ。しかし、**バレーボールはサーブから始まりボールをつなぐ、対人型スポーツであるため、ブロック単体のデータだけを分析しても決して勝利にはつながらない。**

　ブロックは、相手チームのアタックの強さと自チームのブロックの強さが影響し合っているプレーである。アタックが強くブロックする側が弱ければ、アタックの確率は上がる。

　またアタックはトスを供給するセッターの能力とサーブレシーブの質がかかわってくる。一概にプレー単体の評価をするのではなく、プレーの関係性に基づくデータを収集していくことが重要である。

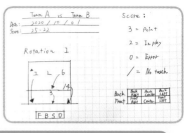

CHECK! ソフトがなければ手書きで収集

データ収集や分析のソフトが身近になければ、まずは試合のビデオを見ながら手書きで収集。アナログ方式で各プレーのデータを集計し評価をつけていこう。

コツ① 前後のプレーの データも把握する

　まずはバレーボールという競技の構造を理解することが必要だ。ブロックには自チームのサーブ効率と相手のアタック決定率が大きく関わる。前後のプレーを把握し統計的にデータを見ていく。

コツ② 現状を把握しプレーを 評価する

　データを解釈するために最初にやることは「現状把握」。各プレーの結果に基づいて決定（得点）、エラー（失点）などの評価を行い、事実起きたプレーのデータを収集し、現状を確かめることから始める。

コツ③ 収集したデータを どう活用するか

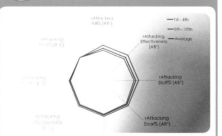

　各プレーのデータを収集したら、次はデータの「分析」だ。集めたデータはあくまで結果に過ぎない。手元にあるデータのどの部分を見てどう活用するかがコツ。必要なデータを抽出し分析を行っていこう。

コツ④ 分析したデータを どう現場に落とすか

　収集し分析したデータは、チームの監督およびコーチから選手へ「伝達」する。生きたデータをいかに選手たちに理解してもらい、練習や試合の現場で活用できるかが大切。コミュニケーション能力も問われる。

ビッグサーバーとレシーブの弱いエリアを探す

＜収集・分析するサーブデータ＞

・サーブのタイプ（ジャンプサーブ、
　ジャンプフローターサーブ、フローターサーブ…）
・サーブの評価（相手のサーブレシーブの評価）
・サーブの始点、コース、軌道
・サーブの効果率
・サーブ得点率
・エラーの確率

CHECK! サーブは確実に狙ったところへ打つ

サーブは確実に狙ったところへ打てるようにする。どんな場面でのサーブミスが多いか数字でチェック。ゲーム練習中には正確性を意識してエラーを少なくしていこう。

ブロック効果をあげられるローテーションを確認

　サーブで収集に必要なデータは、サーブの種類と軌道、相手のサーブレシーブに基づく評価（A、B、C、サーブポイントなど）。その評価からサーブの効果率〈（成功数－失敗数）÷打数〉、サーブの得点率、エラーの確率などを割り出し、サーブの能力を評価する。

　分析のポイントは、サーブ効果率が高いビッグサーバーは誰かを把握しておくこと。どの位置からどのコースを狙ったサーブが、相手のサーブレシーブを崩し、そのときどこから攻撃してくるケースが多いか確認しておく。

　ローテーションごとのサーブ力の有無、相手のサーブレシーブの弱いエリアを把握し、最もブロック効果を上げられる場面を逃さないようにしよう。

ブロックの戦術を立てるうえで共有の指標

＜収集・分析すべきレセプションデータ＞

・サーブレシーブのタイプ（アンダーハンド、オーバーハンド）の割合
・サーブレシーブのボディポジション（前、後ろ、左、右）の割合
・サーブレシーブの評価（A、B、C、ダイレクト、エラー）
・グッドパスの割合
・バッドパスの割合
・サーブレシーブからのサイドアウト率
・ローテーションごとの返球率

CHECK! 崩れたときの対応を確認する

強いサーブに対してはアタックライン付近に返球するチームもいる。相手のサーブレシーブが崩れやすいとき、レシーバーがどの位置に返球するかチェックしておく。

最もサーブレシーブ能力の低いレシーバーを狙う

まず収集すべきなのは、レシーバーのパスの取り方、ボールを身体のどこで受けているか、その数と成功率を出す。返球率においては、サーブレシーブ全体におけるA、B、Cパスの割合の本数を出す。

さらに「グッド評価」となるA、Bパスと「バッド評価」となるCパスのダイレクト、エラーの割合を出す。これらのデータは、ブロックの戦術を立てるうえで共有の指標となる。つまり戦術を立てるうえでベースとなるデータだ。

分析のポイントになるのは、相手チームの中で最もサーブレシーブ能力の低いレシーバーを探すこと。ボールを取る位置においても身体の前後、左右など成功率を収集し、レシーバーがどんなサーブに強くて弱いかを明確にしておく。

ウィークポイントを抽出し練習に活かす

<収集・分析すべきブロックデータ>

- ブロックのタイプ (配置、反応…)
- シャットアウトの確率
- エラーの確率
- エラーの解釈 (ネットタッチ、吸い込み、ブロックアウト、レシーバーのミス…)
- ワンタッチの確率

CHECK POINT!
1. ブロック枚数が多いほど、相手のアタック決定率は下がる
2. ブロックワンタッチの確率はブロックへの参加の指標となる
3. データ分析により明確になった課題を練習の意識へつなげる

CHECK! 選手のストロングポイントを活かす

上背がない選手でもジャンプ力やタイミングがよければ、ブロックできる確率は高い。個々のストロングポイントを活かし戦術を考えていこう。

1枚時、2枚時のブロック効果率を重視する

ブロックに関する統計的なデータをみると、ブロックの枚数が多ければ多いほど、相手のアタック決定率は下がるという傾向がある。そのためブロックは常に3枚つきたいところだが、Cパスにならない限り、そんな状況は頻繁に起きることはない。

よってブロック1枚、1.5枚、2枚のシャットアウト数、エラー数など各シチュエーションにおいてのブロック決定率や効果率を重視して分析していく。

コミットブロック、リードブロックの効果率をそれぞれ出し、各ブロッカーやチーム全体のブロックシステムのウィークポイントを明確にする。そのデータを元に課題を抽出し、ブロック練習に反映していこう。

コツ ① 個々のブロッカーの 特徴をとらえる

　知るべき情報としてブロッカーの特徴もチェックする。ステップの速さ、ヘルプの技術力、腕の使い方、ブロックジャンプの高さ、タイミングなど身長関係なく、ブロッカーの個人的特徴をとらえておく。

コツ ② エラーの内容を しっかり解釈する

　エラーの解釈は注意が必要。ブロックにしっかりついてもレシーバーがミスするときもあれば、惜しいところでシャットを逃しアウトになる場合もある。手書きで評価する場合は、エラーの内容も記載しよう。

コツ ③ ブロック効果率を 上げるワンタッチ

　ブロックによるワンタッチは、ブロックに参加している指標になるため、効果率を上げるポイントとなる。いろいろな場面でのワンタッチの確率を算出し、ストロングおよびウィークポイントを把握し練習に活かそう。

コツ ④ 必要性を理解して 練習に取り組む

　データを収集し課題が明確になることで、練習の必要性が浮き彫りとなる。なぜこの練習をするのか、という意味を理解することが上達のコツ。データ収集および分析は、必要なことを考えるきっかけにつながる。

アタッカーの特徴を見てブロックの反応を選択

＜収集・分析すべきアタックデータ＞
・アタックのタイプ、テンポ（クイック、平行、バックアタック、パイプ…）の割合
・アタックのコースの割合
・ブロッカー枚数による決定率
・アタック決定率（プレーヤーごと、ポジションごと）
・アタック効果率（プレーヤーごと、ポジションごと）
・チームのブレイク時の効果率
・サーブレシーブ時の効果率
・ローテーションごとの効果率
・ラリーが続いたときの決定率

CHECK! ラリーが続いたときの決定率も収集

ラリーが続いたときの決定率や効果率もアタッカーを評価するひとつ。ラリーが続くのはエラーが少ない証。ミスの少ないことを踏まえて戦術を立てる。

試合を優位に運ぶため、心理的な特徴もとらえる

相手アタッカーの身長、身体能力、ジャンプ力などの特徴をまず確認する。**収集すべきデータは、テンポやコースなど攻撃の種類ごとのアタック決定率〈成功数÷打数〉やアタック効果率〈（成功数−失敗数）÷打数〉。アタッカーにとってブロック枚数が少ない良い状況、枚数が多い悪い状況での決定率、効果率をそれぞれ出すことも重要だ。この特徴を見極めて、ブロック**の反応を選択する。

相手アタッカーはブロッカーがストレートまたはクロスで締めているときには、どんな対応するのかも分析する。どんなコースを打つのか、フェイントやプッシュなどの軟攻はあるのか頭に入れておく。

ミスをした後、プレッシャーのかかった場面でどこに打つのか。試合を優位に運ぶため、心理的な特徴も抑えておこう。

ブロック向上に大きく関わるデータ

<収集・分析すべきディグデータ>

・ディフェンスフォーメーションの傾向
・相手のアタックに対してディグの成功数、失敗数、成功率
・相手のアタックからブロックエラーとリバウンドと
　シャットアウトをのぞいたディグの成功数、失敗数、成功率

CHECK! 純粋なディグの成功率を出す

すべてのアタックに対してディグの成功数を出すと確率は下がってしまうため、純粋な
ディグ率を出すにはブロックやエラーを抜いて算出しよう。

ディグの評価がブロックの向上につながる

　ディグは相手のアタックが成立しない
と収集できないスキル。ディグ成功率の
算出は相手のアタックに対してブロック
のシャットアウトとリバウンドとエラー
を除いたディグの本数から割り出す。デ
ィフェンス全体の成功率は、シャットア
ウト、タッチ、ブロックエラーすべてを
含んだ数で割り出す。

　また相手のアタックに対しディフェン
ス率を算出した中で、ブロックとディグ
がどれほど機能しているかを判断。それ
ぞれの成功率を算出することで、相手ア
タックに対してどれだけブロックとディ
グが機能しているかが指標となる。問題
をしっかり抽出することがブロック効果
の向上につながる。

おわりに

　私は大学に入ってから本格的にバレーボールを学んだ。205cm の身長があるからといって、決して容赦されない。ボールコントロールを中心としたパスを始め、コートを縦横無尽、オールラウンドに動ける練習に日々取り組んだ。

　身長はあっても、とくに突出した身体能力を持っていない私が現役時代に心がけていたことは、他人のプレーをよく観察することだった。「動きが速い」、「優れた技術力を持っている」という選手たちの試合のビデオを繰り返し見るようにしていた。

　その要因を自分なりに解釈し、合わなければ参考にせず、自分の動きにフィットすれば取り入れることもあった。そうしてたどり着いたのは、上手くなるための答え、正解は決してひとつではないということだ。

　ブロックの能力を磨くのに、身長は決して関係ない。自分の身体や持っている能力に合う方法やいろいろな練習に挑戦して、自分自身で探していく。そこに正解がきっとある。本書はそのヒントのひとつになればいいと願っている。

山村宏太

監　修
山村宏太
サントリーサンバーズ監督
元日本代表

PROFILE

　東京都東村山市出身。1980年生まれ。10歳から
バレーボールを始め、錦城高校、筑波大学に進学。
身長205cmの高さを買われ、大学時代から日本代
表に選出された。サントリーに入社後も長身のミド
ルブロッカーとしてVリーグ、日本代表チームで活
躍。男子において16年ぶりとなる2008年北京オリ
ンピック出場に貢献した。2013年は日本代表主将
も務めた。2017年に現役を引退、以後イタリアに
コーチ留学の経験を持つ。2020年にサントリーサ
ンバーズの監督に就任した。

モデル
（左から）
高橋結人
小野遥輝
秦耕介
佐藤謙次
柏田樹
西田寛基

STAFF

デザイン	居山勝
撮　　影	平野敬久
写真提供	サントリーサンバーズ
取材協力	上原伸之介
執筆協力	吉田亜衣
編　　集	株式会社ギグ

最強の鉄壁となる!
バレーボール　ブロック　必勝のポイント50

2020 年 11 月 30 日　第 1 版・第 1 刷発行

監修者	山村　宏太　(やまむら　こうた)
発行者	株式会社メイツユニバーサルコンテンツ
	(旧社名：メイツ出版株式会社)
	代表者 三渡 治
	〒102-0093 東京都千代田区平河町一丁目1-8
印　刷	三松堂株式会社

◎『メイツ出版』は当社の商標です。

©ギグ,2020.ISBN978-4-7804-2404-1 C2075 Printed in Japan.

ご意見・ご感想はホームページから承っております。
ウェブサイト　https://www.mates-publishing.co.jp/

編集長:折居かおる　副編集長:堀明研斗　企画担当:堀明研斗